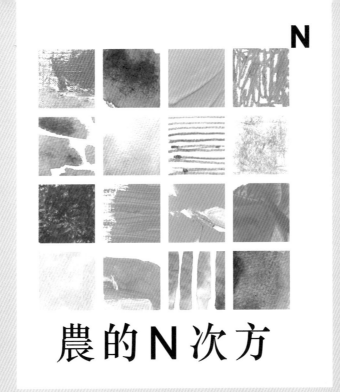

N

農 的 N 次方

② 

# 農村再生發展的挑戰

作者｜黃仁志

# 推薦序
## 連結的 N 種可能：
## 永續挑戰下的鄉村發展新契機

當 SDGs（聯合國永續發展目標）、ESG、淨零碳排、生物多樣性…等概念日益成為人們琅琅上口的詞彙，鄉村與農業的重要性與人們生活的距離也日益拉近。舉例言之，農業作為氣候變遷影響下首當其衝的產業，具體有感地體現在國人的民生消費上；然而，當各界希望透過各種減緩、調適的方式，解決當代社會高度發展下的副作用，鄉村與農業基於以自然為本、自然碳匯等面向的表現潛力，一時又成為現代文明的救贖曙光。

在臺灣，許多人容或目前居住在都市地區，但或多或少都曾經有過鄉村生活的經驗。面對人口逐漸由鄉村往都市移動的趨勢，我們該如何面對鄉村發展對於當代社會的意義呢？在歐盟於 2020 年開始啟動的長期鄉村願景（long term vision for rural areas）的討論中，時任歐盟執行委員會主席烏爾蘇拉・馮德萊恩（Ursula von der Leyen）這樣說道：「鄉村地區是社會的紋理與經濟的心跳，多樣化的地景、文化與遺產是歐洲最獨樹一格又令人驚嘆的特色。那是我們自我認同的核心，也是經濟的潛力所在。我們會珍惜與保存鄉村地區，並投資於它的未來。」

是的，鄉村除了是農業發展的重要場域，也乘載了諸多社會珍貴的文化資產，因此了解鄉村之於整體社會的價值與重要性，是擘畫未來發展的第一步，這也是財團法人稻草人基金會於 2023 年行政院農業委員會改制農業部之歷史時刻，出版《農的 N 次方》專書所具有之價值所在，也是本人推薦這本專冊《農村再生發展的挑戰》的首要理由。

要了解鄉村在國家發展的角色，相關政策推動的歷程至關重要。在OECD（經濟合作暨發展組織）關於鄉村發展典範轉移的討論中，有別於圍繞一級產業所形成的空間聚落，現代鄉村是一個具有多元樣態、多元行動者、多元產業以及多元可能性的空間。也因此，雖然它依舊是維繫人類生存溫飽的糧食生產地，但它也同時可能是各種社會行動、實驗、創新發展的溫床。這樣的變化，也可以從政策介入的方式，除了由補貼措施逐漸思考朝向投資的方向進行調整外，也開始多了跨部門、跨域整合的發展取徑。相較於其他國家，我國農村或鄉村發展的

歷程在演化的脈絡上，與臺灣社會在二戰後迄今的國家發展定位、國際關係乃至於民主化歷程密不可分，從聯合抗共的美援體制，到透過各種國際性的理念倡議（如：里山）向全世界輸出臺灣經驗，本書記述了這些點點滴滴的發展脈絡，提供了想要了解、研究或分析臺灣相關政策經驗不可或缺的工具書，是本人據以推薦的第二個理由。

面對當代社會的諸多變貌，許多內外部結構、條件的改變影響了居住在鄉村、想要返鄉或投入鄉村的人的下一步發展，也形成了未來鄉村發展的挑戰。這些挑戰，有些來自交通運輸便利性提升與數位通訊技術成長下，時空壓縮所帶來城鄉邊界的模糊；而有些挑戰，則來自當我們亟需針對這世界迫切問題，如：氣候變遷、綠能發展…等，提出解決之道時，如何兼顧維持鄉村主體性的公正轉型。而更為根本性的挑戰，是社會大眾如何認知鄉村之於城市，並不是一個被附屬、缺乏發展希望、等待被協助的地方，進而將鄉村視為一個可被期待、有希望的生活、生計選項。

這些挑戰，凸顯了過去臺灣社會各種關係：城市與鄉村、生產者與消費者、世代間的文化傳承…等的斷裂。而透過前述多元樣態、多元行動者、多元產業以及多元介入的可能性所創造的連結與修補，卻也提供了未來有志於投身鄉村發展實踐的契機。本書的內容鉅細靡遺兼顧了歷史發展的縱深，以及當代發展案例與相關議題討論的廣度，是一本提供了相關實踐者具指引性質的備忘錄，是本人推薦本書的第三個理由。臺灣是一座寶島，美麗的山林、海洋、田園景緻以及各式風土文化，是吾人承先啟後的資源與資產，期待閱讀本書的每一個人，都能夠找到自己與鄉村、農業連結的 N 種可能。

是為推薦序！

財團法人農業科技研究院
農業政策研究中心副主任

陳 玠廷

# 目錄

壹

前言：

臺灣農村建設的政策演變

# 一、回首臺灣農業　與農村政策的演化脈絡

農復會遷臺後的辦公大樓，今日農委會所在地。　圖片來源／豐年社

　　臺灣的農業與農村發展，是農民奮力耕耘土地的成果，也是農業與農村政策因應國際政經局勢變動的調適與演化。1970 年代之前，臺灣的農政體系，是由聯合抗共的美援體制、掌握資源調節分配的經建體制，和以提升農業生產為目標的農政體制三者所共構。在美國與國民政府共組的「中國農村復興聯合委員會」（簡稱農復會）指導下，農業技術與農村家戶生活都有明顯的改善，但農民同時也肩負許多公共支出的負擔，諸如防衛捐、公學糧、教育捐等。這些協力公共財政支出的負擔，以及為換取美元外匯的農產品出口貿易，讓農民成為二次戰後臺灣發展最重要的社會支柱。

　　1970 年代後，隨著以「中華民國」為名的臺灣退出聯合國（1971 年 10 月 25 日），中華民國與美國和日本等主要國家陸續失去正式的外交關係，透過產業經濟路徑經營非正式的國際關係更顯重要。為了「以經代政」穩定國

際交往關係，國內更加強調發展工業的重要性，但農村也因此開始面臨著漫長的土地、人力與資本外流危機。此後臺灣的農業與工業發展，就像在蹺蹺板的兩端，爲了工業發展，必須不斷調整投資農業的政策資源分配，並將勞動力與土地資源往工業部門調動。1973 年，工業就業人口超過農業就業人口，專業農戶數更僅餘 30% 左右。此時的農業收入已無法支撐多數農村家戶的經濟支出，非農工作成爲維繫農家經濟的必要選項，也反映出 1972 年開始推動「客廳即工廠」的政策效應。

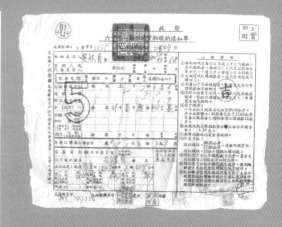

圖爲花蓮吉安農民的田賦實物繳納通知單，項目包括應繳田賦、隨賦徵購、賦徵教育經費。
圖片來源／豐年社

此外，1970 年代中旬後也開始加速農地重劃和擴增工業用地，並陸續修正《獎勵投資條例》、《平均地權條例》、《土地稅法》等法規制度，以此回應都市開發和工業發展需求。農業用地逐漸被轉變爲都市、工業和公共建設用地，造成農業耕作與農地經營的不穩定性。對應的策略則是廢除「肥料換穀」（1973 年）、取消「田賦徵收教育捐」（1973 年）、實施「稻田轉作計畫」（1978 年），以及推動一連串的增強農村建設政策，試圖消弭農工分化帶來的衝擊。儘管 1970 年代的兩次石油危機讓糧食安全問題一度受到重視，並讓農村成爲安頓都市失業勞工的去處，但隨著國際石油供需重新復歸穩定，國家發展的重點再次回到都市與工業上，甚至更加強調以產業國際化鞏固國際經貿關係的重要性。

1972.12.17 臺灣省政府主席謝東閔參觀客廳即工廠。
圖片提供／國史館

如果說 1980 年代前的農業與農村問題，只是農業產值和成長率比不上工業而導致農村成爲落後發展的部門，那 1980 年代末期之後的臺灣農業與農村，便是吸收國際經貿和國內糧食供給風險的調節機器。繼 1974 年開放牛肉進口後，1978 年爲改善中美關係而對美進口穀物，1987 年開放美國水果進口造成國產水果價格慘跌，1988 年更進一步開放大宗穀物、水果、火雞肉進口，嚴重衝擊處於高成本卻生產過剩的農業，更因此擴大農工所得差距。農糧產品開放進口，換取的是臺灣工業產品拓展出口的機會，卻也打破國內農糧市場調節供需的穩定性，農民面對的是充滿更多變數的市場風險和價格起伏。應此而起的農民運動，反映的正是農民對於長期受到犧牲的奮力抵抗，並要求以明確的農業與農民政策改革，確保農村的生計與生活。

1990 年代，爲拓展臺灣的國際經濟空間，積極叩關世界自由貿易體系。自 1990 年開始申請加入關貿總協（GATT）

臺灣各縣市農民代表在臺北國父紀念館會師，強烈要求政府在加入 GATT 後不能犧牲農民權益及堅決反對國外稻米進口。
攝影／黃子明

2009.04.06 農村陣線呼籲重新審視農再條例的內容。
圖片提供／黃仁志

2009.04.13 農民與學者在立法院開記者會，共同呼籲召開農再審查公聽會。
圖片提供／黃仁志

到 2002 年 1 月正式加入世界貿易組織（WTO），為爭取讓臺灣產業能夠融入全球貿易體系之中，開放更多農業產品進口成為必要的條件。因此，1991 年所提出的「國家建設六年計畫（1991-1996）」開始規劃「農業零成長」政策，而原先的農糧政策，也從「糧食自給自足」改為「糧食供需平衡」。為調整國內農業產能，除規劃配合國家經濟發展需求釋出「不適用之農業用地」，農委會所提出的「農業綜合調整方案」，也著手進行農業結構調整、推動農業自動化、降低農業產銷成本、設置「農產品受進口損害救助基金」、辦理轉業訓練等措施。此外，農糧生產與供銷體系也越趨分化。農民能接觸的市場管道有限，但農產品供銷公司的採購來源卻更多，使農民暴露在更易受國際價格波動影響的風險中。農民自身不僅需要精進農業耕作技能，同時也越來越需要兼具經營市場銷售策略的能力，甚至農村經濟也必須尋求更多元的收入來源。

「一鄉一特色」與「休閒農業」的興起，凸顯出農村走向農產加工與服務加值的趨勢。為回應國際貿易衝擊和提升農村環境價值的雙重趨勢，農村發展規劃開始嘗試推動「建設富麗農漁村」，強調以改善農村硬體設施提升生活環境品質，結合農業加值與轉型發展的策略。在鄉鎮尺度上，則是結合「城鄉新風貌」計畫，

營造鄉鎮特色和田野景緻，為農村增加休閒觀光價值，共同打造未來的「新農村生活圈」。九二一震災後，災後重建工作結合社區營造的機制，強調培養農村居民自主發展能力的重要性，並寄望於政策資源與民間行動的結合，翻轉農村日漸式微的行動能力。

「農村再生」政策的興起，正是反映農村在地自主行動的需求與趨勢。2010 年通過的《農村再生條例》，搭配 1,500 億元的「農村再生基金」，成為晚近影響農村發展最顯著的政策。「農村再生」的核心，是培力農村居民為農村發展扎根，並結合產業活化、文化保存與活用、生態保育，和農村社區整體環境改善等工作，提振農村的發展能量。「農村再生」的推行機制，也隨著各個階段的進展和農村發展需求而逐步調整，並結合過去農委會內各局、處、署的施政計畫，為農村社區提供多元的行動方案與資源。以動員農村在地居民為基礎的農村再生，一方面成功地激發許多農村召集居民共同採取行動，另一方面必須應對各農村條件情境的差異，提供更具靈活彈性的執行機制，也考驗著主政單位與社區組織之間的合作關係。

但農業與農村發展的挑戰並未就此止歇。氣候變遷問題與人口流失問題，仍然持續衝擊農村發展的能量。氣候議題在 1990 年代開始廣受全球關注，而作為對氣候變遷最敏感的產業，

長期以來農村凋零、社會參與度低，成為農村老人生活的困境。圖為臺南土溝的壁畫。
圖片提供 / 黃仁志

農業部門必須思考如何面對更加不穩定的氣候環境，並透過調整耕作策略和農業產業鏈運作方式來加以因應。此外，農村被視為調節氣候和資源循環的關鍵場域，農地使用也被賦予更多元的想像。特別是晚近熱門的「種電」議題，在拓展農村發展的策略路徑之際，卻也帶來農地使用的衝突問題。農業耕作者與能源開發者之間的農地資源競逐、地方發展的糧食和能源自足需求，以及在地環境變化對農業與農村生活的影響等，成為農民近在眼前的挑戰。

農村人口的高齡化、少子化，是農村發展式微的另一個關鍵危機所在。根據政府公開人口資料進行統計估算，全臺灣農村有一半以上都處於老化指數大於 200% 的情況，意味著這些農村的 65 歲以上的高齡人口，已是 14 歲以下幼兒人口的兩倍以上，未來的農村勞動力和家庭照護負擔都將不堪負荷。如何吸引青壯人口回流農村成家、就業、傳承，更是未來農村能否存續的關鍵問題。

# 二、臺灣農村建設政策的演變

省農會理事長朱萬成等人實地參觀農村建設，並參加推廣農村沼氣利用觀摩座談會，聽取家事改進班「養豬與沼氣利用」之報告。
圖片提供／國史館

國民政府遷臺後，「基層民生建設」成為打造「基地」的重要政策。1955 年，開始以桃園縣太平村作為示範，推動「實驗農村計畫」，並在 1956 年擴大推動。具體工作包括「改善農業生產結構」和「加強農村福利業務」等兩大主軸，以及六大工作項目：改進農耕技術、指導防洪與水土保持、推廣家庭副業、農產加工與加強生產教育、設置農村長期托兒所、改善農村環境衛生。到 1965 年時，全臺灣共設立417 個實驗村。[※1]

銜接「實驗農村計畫」之後，1968 年在社區發展的概念下，臺灣省政府訂定「臺灣省社區發展八年計畫」，進行全臺灣鄉鎮市區的社區建設。該項計畫的建設事業分為四大類：（1）基礎建設：排水溝、巷街道路、水井、廁所、社區活動中心，目標在使「鄉村都市化」；（2）

生產福利建設：增進民眾福利、提高生活水準、增加民眾收入；（3）精神建設：改良民眾生活習慣，推行國民生活運動；（4）配合業務：與其他各項農業與農村相關建設事務之配合。[※2]整體來說，戰後初期的農村建設偏重於公共環境與基礎建設的改善，雖有部分觸及農村產業工作，但沒有太大的工作比重與成效，主要仍是希望透過改善農村環境、提升環境衛生和生活條件品質，進而支持農家致力於農業生產活動。

1970 年代初期，伴隨著國家經濟活動轉以工業為重，農村也面臨快速的環境變遷。農村發展策略的主軸，便在於如何因應工業化的擴張，同時兼顧農業與農村建設發展的需求。因此，1974 年農復會便邀請經濟部、內政部、臺灣省有關廳處及臺灣省農會，共同研定「設置綜合

1980.04.22 臺南縣四健會會員作業成品展覽，民眾參觀情形。
圖片提供／國史館

發展示範村推行方案」。主要工作項目包含：加強農民組織、普及農民教育、發展農業生產及運銷事業、輔導擴大農場經營規模、農村環境改善等，並特別注重輔導農村青年工作，以達成農村的綜合發展為目標。[3]

「示範村計畫」為第一個結合「社區發展」概念所推動的農村發展計畫，當時期待能夠透過在示範農村社區內組成專屬的推行小組，納入鄉鎮首長、民意代表、地方機構要人（如農會、衛生所、學校、地方組織、村里長），以村里農民大會之討論意見，進行「由下而上」的規劃，形成「上下協定」的決策。具體的工作則由鄉鎮公所主辦、公所及農會分別執行，並配合農業人才下鄉作為鄉鎮增聘臨時人員協助推動示範村計畫工作。推動項目分為三類：農業經營改進與農事推廣教育、農村環境改善與家政推廣教育，以及農村青年輔導與四健推廣教育等。[4]但示範村的推行模式不易回應各社區特質，且忽略農村青年對外在趨勢變化的感受與需求，加上不易協調串聯其他農業與農村發展政策資源，因而在結束第一期計畫後便沒有延續。[5]

1970 年代末開始推動的「提高農民所得加強農村建設方案」（1979 年－1982 年），強調「加強農村建設，改善農村福利設施，縮小都市鄉村差距」。與農村發展直接相關的策略目標有二：（1）擴建農村公共設施，開發工業區，以協助小農轉業，減少農業就業人口；（2）改善農村生活環境，以實現離農不離村政策。實行計畫則是以「加強農村福利設施」為主，包括改善醫療服務、整建交通和民生基礎設施（如電話通訊網、加油站、自來水、下水道）、改建農民住宅、

1999.09.24 總統李登輝聽取九二一大地震石崗災區簡報，巡視石崗災區。
圖片提供／國史館

設立托兒所及康樂活動中心等。一直到 1990 年代初期，普及基礎建設、縮小城鄉差距，進而實現「現代化農村發展」，仍是整體農村發展政策的主軸。

邁入 1990 年代之後，加入全球自由貿易體系的政策方向，深刻衝擊國內的農業和農村；拓展農業與農村發展策略需求，引導出生產、生活、生態共生的「三生策略」。1992 年開始推動的「農業綜合調整方案」，即被視為是臺灣農政體制走向「三生」觀點的開端，在強調提升農業競爭力時，也將整體規劃農村社區、加強自然生態及資源保育納入策略主軸。其中，農村建設仍以硬體環境改善計畫為主，例如「山坡地農村綜合發展規劃暨建設」、「農漁村社區整體規劃暨建設計畫」、「農漁村社區更新規劃及建設」、「農民住宅輔建」，及「農漁村社區實質環境改善」等。另一方面，文化建設委員會（簡稱文建會）也在其「社區總體營造」政策中提出「充實鄉鎮展演設施」、「美化地方傳統建築空間」、「社區文化活動發展」等工作，陸續在各鄉鎮興建展演空間，並以保存傳統建築、改善地方生活空間、發展社區文化活動等方式，將社區營造引入農村生活空間營造的體系中。

1990 年代下旬，農委會開始推動「建設富麗農漁村計畫」，大抵仍延續硬體建設的主軸，但已開始納入產業和文化面向的共同發展。具體的實施工作包含：農漁村綜合發展規劃及建設、農漁村社區實質環境改善、農漁村社區更新規劃及建設、農漁民住宅輔建、農漁產業文化發展、發展休閒

和美鎮農會綠色照顧示範站除了室內課程外，每年固定帶長輩們參訪玉米田農場，學習採玉米。
資料來源／豐年社
攝影／王士豪
圖片提供／和美鎮農會

農漁業、原住民地區農村綜合發展建設等分項計畫。[6] 在省政府層次，另有水土保持局銜接農委會政策而推動的「農村綜合發展規劃及建設計畫」（1998 年），進行農漁村區域的綱要規劃和細部規劃，作為該農村規劃實質建設的藍本。綱要規劃以鄉鎮市區層次為對象，著重「人口預估、產業配置、交通通信網、公共及公用設施配置、災害防治、文物保全、水資源開發、環境保護、景觀保育、農村遊憩」等十大項目。但從實行成果上，因為缺乏介入地方發展規劃的法源，未能針對農村社區或鄉鎮市區進行全面性的發展投資與計畫執行工作。

1999 年的九二一大地震，為農村發展規劃工作帶來新的挑戰與契機。先前因法令和機關權屬規範而無法推動的鄉鎮農村整體發展工作，在災後重建的需求中有了嘗試機會。為進行災後重建工作，行政院在 1999 年底訂頒「災後重建計畫工作綱領」及《九二一震災重建暫行條例》，條例第二章第三節即研訂災後「鄉村區、農村聚落及原住民聚落之重建」的工作推動模式。當時已因省政府精簡而劃歸農委會所轄機構的水保局，則是研訂《九二一震災農村聚落重建作業規範》，負責推動辦理非都市土地中的農村聚落重建工作，並以委託專業規劃團隊辦理重建調查規劃、納入災民參與的社區營造方式，進行重建住宅、聚落公共及休閒設施、景觀美化等工作。

影響更為深遠的是在災後重建過程中，返回

農鄉以社區營造和參與式規劃方式投入在地重建與產業振興的工作者，將先前著重於文化建設工作的社區總體營造政策，逐漸擴及地區性的整體重建工作。在重建過程中所強調的居民參與和社區協會之角色，以及著重基礎調查、社區參與式規劃、研提重建發展策略、連結多方公私部門資源等工作方法，則為後續推動農村發展工作時所沿用，並將「凝聚社區共識」視為社區發展工作的根基。

2000 年政黨輪替後，在城鄉發展方面規劃推動「農村新風貌計畫」（2000 年－2004 年），並以「規劃建設新農村生活圈」和「建構新農村價值觀」為主要推動內容，同時也將「一鄉一休閒農漁園區」納入其中。「農村新風貌計畫」提出以居民及地方政府自主共同參與的方式，將「建立與自然景觀協調的農村生活圈」作為政策願景，訂定三大目標：（1）建構為具有富裕的外觀、美好與衛生的環境、舒適便利的住宅、井然有序的交通以及適切的公共設施之現代化農村。（2）創造農村經濟力，改善村民工作與生活條件，均衡農村與都市之發展，縮短城鄉差距，建立現代化農村新生活圈。（3）建設富麗農村謀求農業生產、農民生活之改進及農村自然生態、環境景觀之和諧，並維護農村風貌與文化。

「農村新風貌計畫」由行政院農委會、中部辦公室和已改隸農委會的水保局主辦，推動方式分為主體計畫和輔導計畫兩個層次。主體計

畫以「生活圈規劃及建設」為核心，強調由地方民眾及專家團隊共同參與，規劃內容結合生態景觀、產業發展與社區文化等面向，以此提出現代化和具區域性農業主題特色的農村新生活圈。輔導計畫則以「調查及整合農村資源和發展農村組織」為主，著重於培力農村社區的不同利害關係人，使之有能力和意願共同參與農村生活圈的規劃與建設執行工作。

此外，自 2001 年起也規劃推動「建構農村聚落居民生活照護支援體系計畫」，嘗試在農村中建構社區化安養照顧制度，以此實現農村的「在地老化」。初期計畫的執行模式是輔導 10 個農會設置 10 個農村社區生活支援中心（後更名為「農會銀髮族服務示範中心」），結合照顧管理中心、醫療保健機構、急難救助等單位，並輔導農家成員經營社會支援性照護產業，共同開創農村社區家庭式居家照護產業，以此實現農村「健康老化」之目標。此一模式也成為後來推動「綠色照護」政策的參考經驗。

2000 年代中旬之後，銜接行政院 2005 年所核定的「城鎮地貌改造－創造臺灣城鄉風貌示範計畫」和「臺灣健康社區六星計畫」，農委會也以中程建設計畫模式提出「鄉村新風貌計畫」（2005 年－ 2008 年）。推動內容分為三個層次：區域及縣層級以「縣級鄉村風貌綱要規劃」為藍本，社區層級以「臺灣健康社區六星計畫」為主軸，在環境面向則是推動「營造農村新風貌計畫」（農委會水保局主辦）和「營造漁村新風貌計畫」（農委會漁業署主辦），共同的目標是「提供地方示範性技術支援與經費補助，建設兼有產業、人文、自然生態及地區特色之農村生活圈，達成生產、生活與生態合理健全發展之魅力農村」。[7]

在 2008 年即將進行總統大選之際，主要競爭的兩黨都針對農村提出立法條例和設置基金提案。當時執政者民進黨提出《農村改建條例》（簡稱「農改條例」）和設立新臺幣 1,000 億元的「農村改建基金」，以內政部為主辦機構，除針對農村公共設施改善和私有合法住宅的興建修繕提供經費補助外，更規劃引入開發許可制模式的「田園社區」開發機制，由中央主管機關訂定開發總量、選址準則，地方主管機關勘選與劃設基地和訂定概要計畫、民間業者進行市場評估，進行非都市土地的集村式開發。而當時在野的國民黨則提出

新北石門青農韋峻文分享從單打獨鬥到集結夥伴整合生產到銷售，打造共同品牌的心路歷程。
資料來源／豐年社
攝影／黃永茗
企劃／農委會水保局臺北分局（現農村水保署臺北分署）

農委會主委陳吉仲（左五）、水土保持局局長與李鎮洋（左四）走訪農村再生典範彰化縣埔鹽鄉大有社區。
資料來源／豐年社
圖片提供／農業部農村水保署

參考文獻：

1. 梁芳男（1981）臺灣省農村社區建設之研究。臺北市：成文出版社。

2. 同註1。

3. 李宗道（1979）綜合發展示範村工作的推行與展望。農業推廣文彙，第21期。頁9。

4. 同註3，頁12-15。

5. 陳霖蒼、林益裕（1978）綜合發展示範村計劃辦理三年成果之評估。農業推廣文彙，第23期，頁155-168。

6. 林萬億（2006）臺灣的社會福利：歷史經驗與制度分析。頁548-549。臺北市：五南圖書。

7. 行政院農業委員會水土保持局（2008）營造農村新風貌（變更）。行政院農業委員會農業發展計畫97年度單一計畫說明書。

《農村再生條例》（簡稱「農再條例」）和設立新臺幣1,500億元的「農村再生基金」，著重於農村社區的景觀改善、風貌營造、土地與建物管理、在地組織培力等工作。

主要兩黨將農村政策作為總統大選重要政見之一的競合現象，顯示以「農村」為核心的政策投資論述，已然逐漸獨立於「農業政策」之外，具有顯著的重要性。如何拿捏「自由化」時代的土地管理與農村發展之間的關係，也成為國家發展治理政策必須面對的新挑戰。

從歷史脈絡來說，臺灣農業與農村發展課題，以及農民的主體性建構，是在一次次面對國內外局勢變動的過程中，經由抵抗與調適的雙重策略，不斷回應持續而來的挑戰。無論是戰後承擔國家經濟復甦的提高生產與增加稅賦、工業化轉型過程中的城鄉移民與農地工業化、接軌全球貿易時期的農糧產品進口衝擊，以及晚近氣候變遷下的農業生產調適等，企望安穩生活的農民都照樣扛起鋤頭面對。這種既能彎腰耕耘又可奮起抗爭的能力，正是支持臺灣得以在劇烈的變局中持續前行的重要特質。未來，農業與農村政策又該如何調整以回應持續而來的挑戰，如何讓有心扎根於農村生活的跨世代居民共同合作，建構吸引人的農村環境和生活品質，都仍有待我們發揮智慧，一起探索農村未來的N種可能性。

貳

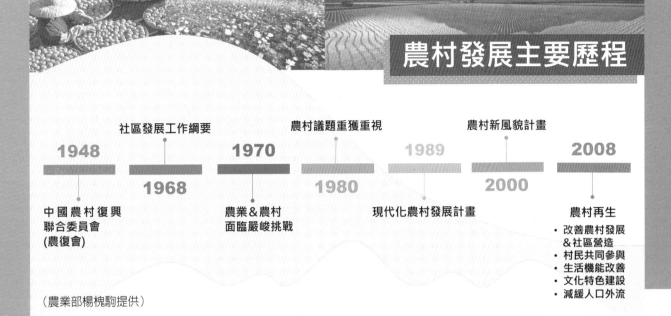

## 農村發展主要歷程

| 1948 | 社區發展工作綱要 | 1970 | 農村議題重獲重視 | 1989 | 農村新風貌計畫 | 2008 |

**1948** — 中國農村復興聯合委員會(農復會)

**1968** — 社區發展工作綱要

**1970** — 農業&農村面臨嚴峻挑戰

**1980** — 現代化農村發展計畫

**1989** — 農村議題重獲重視

**2000** — 農村新風貌計畫

**2008** — 農村再生
- 改善農村發展&社區營造
- 村民共同參與
- 生活機能改善
- 文化特色建設
- 減緩人口外流

（農業部楊槐駒提供）

# 一、農村再生政策的興起與轉型

　　「農村再生」是一個銜接「社區營造動能」與「邁向農村多元發展」的重要政策計畫。自 1999 年的九二一震災後重建工作開始，農村的環境改善與再發展策略，即開始納入社區營造和參與式規劃方式。當時已因臺灣省政府精簡而劃歸農委會所轄機構的水土保持局（簡稱水保局），則是研訂《九二一震災農村聚落重建作業規範》與《農村聚落住宅興建獎勵補助要點》，負責推動非都市土地中的農村聚落重建工作。在此期間所提出的重建發展模式，係以委託專業規劃團隊進入社區協助，著重基礎調查、社區參與式規劃、研提重建發展策略，以及連結多方公、私部門資源等工作方法，並將「凝聚社區共識」視為社區發展工作的根基。核心的策略則是以重建住宅、聚落公共及休閒設施、景觀美化等工作為主、產業輔導工作為輔。[1]

　　在此一基礎上，爾後的農村發展政策，多著眼於開發農村新價值、建設農村生活圈等概念，結合社區共同動員參與的方式，訴諸「由下而上」的農村發展策略。例如 2001 年「新世紀國

家建設計畫」中的農漁村建設計畫，就提出「規劃建設新農村生活圈」和「建構新農村價值觀」爲兩大主軸。2002 年接續提出的「新故鄉社區營造計畫」，除著重社區組織角色和社造資源整合工作外，更針對原住民和客家聚落提出專屬推動策略項目，以及將醫療健康照護納入重要推動工作中。其對農村發展的影響，在於建構以「社區尺度」推動發展工作的可能性與執行方法，並因此強調在地社區組織的重要角色，以及培育地方人才、開發地方特色產業、改造在地社區環境等各項工作的重要性。[2]

2008 年總統大選中提出的「農村再生計畫」政策，基本上也延續過往著重農村環境改善和發展特色產業的政策軸線，並於選後進行《農村再生條例》的立法審查。《農村再生條例》在 2010 年 8 月完成立法審查並公布施行，同時搭配分十年編列的新臺幣 1,500 億元「農村再生基金」作爲推動農村再生工作之用。2010 年完成《農村再生條例》立法後，農委會隨之公布施行「農村再生整體發展計畫暨第一期實施計畫」，並於 2012 年（101 年度）正式推動。

## （一）農村再生計畫第一期
### （101-104 年度）

「農村再生」政策初始之際，認爲臺灣農村發展有六大關鍵問題：（1）農村發展落後且施政資源投入缺乏整體性規劃；（2）居民共同參與農村規劃建設之理念尚未普遍推廣與深化；（3）自然生態未受重視使優美的農村風貌與環境漸失；（4）休閒農業活動推廣有待提升；（5）農村文化及特色有賴傳承及創新發展並加強人文關懷；以及（6）因應全球自由化及氣候變遷而農業產業結構與生產技術亟待調整。[3]因此，推動農村再生計畫之目的，在「提升農村人口質量、創造農村就業機會、提高農村居民所得、改善農村整體環境」。[4]

在農村再生計畫的推動架構中，研提與執行「農村再生計畫」，是整個政策的核心所在。參照過去地方公共建設完成之後，因爲缺乏具體的營運管理機制，留下許多「蚊子館建設」或無效投資等問題，農村再生政策因而特別強調透過前期地方經營公共建設的能力培養，以及聚焦在地方具有共識

培根社區成果展，圖為新竹南埔社區。
圖片提供 / 農業部農村水保署

的投資項目上。反映執行程序機制上，農村再生計畫分為兩種推動模式，一是「由上而下」，針對需要重點投入的跨域議題，或涉及不同單位的共同合作需求，由當時負責農村再生政策的水土保持局（簡稱水保局，現為農業部「農村發展及水土保持署」）推薦參與之農村社區進行，目的在產生示範效應。另一則是「由下而上」，強調由自主報名的農村社區，經過完整的培根訓練後，針對社區的特質與未來發展需求，研擬農村再生計畫，並由直轄市或縣市主管機關彙整「年度農村再生建設計畫」，共同爭取政策執行經費（圖2-1）。

　與以往著重從特定議題討論政策資源投資主題不同，農村再生計畫強調結合農村人力培育與居民培根的重要性。唯有經過地方共同討論和具有共識的計畫，才能夠在長期營運中獲得實質效益。根據水保局在2011年出版的「推動農村再生手冊」，農村再生計畫係以培根課程為基礎，並在培根階段中逐步納入農村再生計畫的執行模式，最後在完成培根課程之後研提農村再生計畫。培根課程分為關懷、進階、核心、再生等四階段，每個階段除有其課程目標外，也有對應的課程時數和居民參與人數要求（參見表2-1）。農村再生計畫的提案內容，除了述明農村社區的基本資料與願景、課題外，具體的計畫實施內容則應提出八個項目，包含：農村社區整體環境改善、公共設施建設、個別宅院整建、產業活化、文化保存與活用、生態保育、土地分區規劃及配置公共設置構想，以及其他農村社區具發展特色之推動項目。

　激發農村活力是翻轉城鄉發展失衡的關鍵所在，而第一期

## 圖 2-1、農村再生計畫第一期執行架構

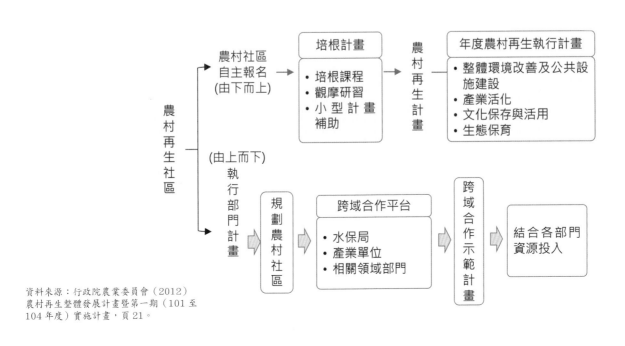

資料來源：行政院農業委員會（2012）
農村再生整體發展計畫暨第一期（101至
104年度）實施計畫，頁21。

## 表 2-1、農村再生培根課程

社區規模與完成培根課程基本人數要求
A 級：400 戶以上或 1,600 人以上，至少 40 人。
B 級：200 戶以上或未達 400 戶，800 人以上或未達 1,600 人，至少 30 人。
C 級：未達 200 戶或 800 人，離島或原住民地區，至少 20 人。

| 培根階段 | 課程內涵 | 課程要求 | 課程目標 |
|---|---|---|---|
| 關懷班 | 政策宣導、理念溝通 | 6 小時<br>至少 30 人 | ・建立農村居民初步農村營造與農村再生之概念<br>・社區參與啟動、初步理念溝通 |
| 進階班 | 認識社區、發掘問題 | 18 小時課程<br>與 8 小時觀摩<br>至少 25 人 | ・發掘在地議題，了解自己居住社區資源及在地特色<br>・了解政府相關資源及政策<br>・認識農村營造相關操作策略及方法<br>・學習其他社區經驗 |
| 核心班 | 凝聚共識、社區自主 | 12 小時課程<br>及 12 小時<br>實作課程<br>至少 25 人 | ・深化在地議題操作<br>・凝聚社區願景，同時擬定相關行動方案<br>・強化農村營造實務操作能力<br>・培養關注並處理社區公共事務能力<br>・強化計劃書寫及提案能力 |
| 再生班 | 社區願景、永續發展 | 24 小時課程<br>及 12 小時實作<br>至少 20 人 | ・檢討並修正社區發展設計相關計畫<br>・建立與專業者或團隊間密切互動關係及對話能力<br>・滾動式的討論農村再生計畫草案內容<br>・具備召開社區會議之能力 |

資料來源：整理自行政院農業委員會水土保持局（2011）推動農村再生手冊，頁 4-1~4-3。

## 表 2-2、第一屆農村領航獎（104 年度）得獎名單

| 類別 | 縣市 | 姓名 | 所屬社區 | 行動特色 |
|---|---|---|---|---|
| 農・好物<br>產業活化 | 臺東縣 | 宋俊一 | 崁頂社區 | 讓村落返老還童，穿梭山林的鋼鐵人 |
| | 南投縣 | 林玉珠 | 牛尾社區 | 做農村再生被再生，人與社區都亮眼重生 |
| | 雲林縣 | 林啟顧 | 樟湖社區 | 染一塊布救一棵樹，植物製染展柔情 |
| | 雲林縣 | 柳四勇 | 大埔社區 | 產業一升二推手，助農民收入倍增 |
| | 雲林縣 | 蘇嘉益 | 瓊埔社區 | 總鋪師「阿甘薯叔」創黃金地瓜鮮喝法 |
| | 新北市 | 陳國志 | 嵩山社區 | 號召「穀」東懸念種出千歲米 |
| | 苗栗縣 | 廖怡雅 | 山腳社區 | 洄游金牌，帶領傳藍編進國際 |
| | 臺中市 | 賴玉敏 | 興隆社區 | 保鮮荔枝外銷，重現農莊風華 |
| | 宜蘭縣 | 簡裕鴻 | 內城社區 | 社造向下扎根，鐵牛「力阿卡」逗陣行 |
| 農・好青<br>青年返鄉 | 彰化縣 | 李佳緣 | 大有社區 | 行銷「金碳稻」化身社區代言人 |
| | 南投縣 | 林宥岑 | 一新社區 | 轉型有機，白魚、筊白筍共生雙贏 |
| | 彰化縣 | 林麗蟬 | 長春社區 | 重振老荒社區，傑出青年新移民出線 |
| | 臺中市 | 柯朝元 | 銅安社區 | 大甲芋上網，翻轉傳統農銷模式 |
| | 雲林縣 | 唐偉仁 | 西鎮社區 | 用繪本投入農村再生，延續社區凝聚力 |
| | 苗栗縣 | 張智傑 | 龍洞社區 | 棄高薪入青農，返璞種出有機陽光米 |
| | 南投縣 | 劉松杰 | 竹豐社區 | 製茶焙茶雙冠王，結合餐飲行銷鹿谷 |
| 農・好境<br>生態保育 | 南投縣 | 王嘉勳 | 南豐社區 | 找回樸拉蕾，賽德克青喚醒社區永續 |
| | 宜蘭縣 | 李志文 | 龍潭社區 | 成功保育圓吻鯝魚，再現社區生態生命力 |
| | 高雄市 | 林順輔 | 金山社區 | 加值芭樂產銷，帶頭社區事大家相看顧 |
| | 花蓮縣 | 陳威良 | 豐山社區 | 串連四生一體，小雨蛙再造生態豐地 |
| | 臺東縣 | 廖中勳 | 永安社區 | 從玉龍泉生態步道，蛻變鹿野傳奇 |
| | 嘉義縣 | 蔡淑麗 | 四股社區 | 悉心呵護鰲鼓溼地，讓候鳥成留鳥 |
| 農・好蘊<br>文化美學 | 嘉義縣 | 李玉燕 | 茶山社區 | 災後重建涼亭，共吟溫馨小夜曲 |
| | 嘉義縣 | 蔡順強 | 坪前社區 | 活化坪塘，古厝古井凝聚鄉情 |
| | 雲林縣 | 林錦山 | 新吉社區 | 藝術融入穀倉，風頭水尾也有文創美 |
| | 雲林縣 | 蘇坤福 | 頂溪社區 | 注入文創巧思，「屋頂上的貓」風靡海外 |
| | 宜蘭縣 | 李建清 | 梅花社區 | 營造顧駁故事牆，一改窳陋轉新 |
| | 南投縣 | 李春振 | 水頭社區 | 推動共好社區，讓倦鳥歸鄉 |
| | 臺東縣 | 林宋博芳 | 豐富社區 | 發展編織工藝，外銷供不應求 |
| | 彰化縣 | 張澄淵 | 橋頭社區 | 推廣磚雕，打造社區「磚」屬記憶 |

資料來源：遠見雜誌，https://www.gvm.com.tw/article/30556

2015 年農村領航獎頒獎典禮。
圖片提供／農業部農村水保署

的農村再生政策也將帶動全國多數農村參與培根計畫視為重要目標之一。根據「農村再生整體發展計畫暨第一期（101-104）實施計畫」，讓全國 4232 個農村有半數以上參與培根計畫，是第一期計畫的重要目標之一，並藉由農村再生計畫實施帶動農村休閒旅遊人次和農產業的結構轉型與質量提升。除了培根工作與農村再生計畫外，為創造更多元的農村發展支持資源，農村再生計畫體系也逐漸拓展出其他類型的行動計畫，諸如試辦青年回鄉築夢計畫、大專生洄游農村競賽等。這些以青年為主要對象的計畫方案，也成為農村再生後續開展支持青年參與農村社區行動的基礎。除此之外，為了鼓勵傑出的農村發展工作者，2015 年也開辦「農村領航獎」，由 141 件報名參賽者中，最後選出四個領域共 30 名農村領航工作者（表 2-2），作為其他農村再生計畫社區可以效法和請益的對象。

從執行成果來看，第一期的「農村再生計畫」，雖然強調軟體為主、硬體為輔，但為了培養農村自主行動能力，因此在實際成果上比較容易偏向具有可參照、易檢核的環境改善工作，特別是農村集居及其周邊範圍的設施和景觀美化等工作，並提出以「雇工購料」的執行方法，由社區居民共同參與。從參加「培根課程」到研提「農村再生計畫」的「輔導過程」，一方面承接前一階段社區營造的執行方法，強調社區民眾共同參與和決策的模式，但又更加強調集體培力作為集體行動的前提。另一方面，逐漸「格式化」的執行方式，雖有助於以經驗複製模式快速擴散農村再生工作，卻也讓政策上推行農村發展的執行方法逐漸限於特定的行動模式。這些問題，以及農村中逐漸浮現的新挑戰，如何在政策調整中建構解決機制，成為第二期計畫的關鍵所在。

第二屆金牌農村頒獎典禮獲獎社區大合照。
圖片提供／農業部農村水保署

農村體驗還能向外開枝散葉，透過營隊，都市孩子也有機會入駐大崎「藝」想世界，讓小朋友在創作中認識在地竹材。
資料來源／豐年社　圖片提供／大崎藝農生活聚落

## （二）農村再生計畫第二期（105-108 年度）

2016 年開始推動「農村再生計畫第二期（105至 108 年度）」（簡稱農再 2.0），重新定義農村發展的關鍵課題為四：（1）農村人力資源不足：人口老化下的田間勞動力不足，以及農業人才培育出現學用落差；（2）缺乏產業加值策略：傳統產銷價值受限，亟需擴展農村經濟活動；（3）土地使用亂象頻仍：土地使用型態須兼顧生活與生計需求，並滿足永續發展原則；（4）農村社區發展議題多元：既有培根輔導機制不勝負荷，需擴展協力網絡。[5]

此外，衡諸第一期的執行經驗，農村發展仍然面臨執行人力不足、中央與地方行政協調與資源整合不易、重硬體輕軟體觀念需調整、社區居民意識提升需要時間與陪伴等問題，同樣需要在接續的計畫中加以改善。因此，農委會也成立「農村再生基金辦公室」，將農委會內各局、處、署的施政資源也共同納入（圖 2-2），並結合當時所推出的「推動農業加值、發展創新農業」政策，讓農村再生的支持資源更加多元。但隨著更多政策資源被納入農再體系中，社區如何連結合適的計畫資源推展在地發展計畫，也成為社區行動的新課題。

除了匯集農委會各局處署資源外，第二期計畫也與當時的新農業政策結合，提出「技術創新」、「人力創新」、「經營創新」、「環境永續」、「社區發展」五大面向（圖 2-3），並以此規劃五大核心工作項目，包括：「農村再生規劃及人力培育」、「推動農村再生計畫」、「農村產業條件與生活機能改善」、「農村農糧產業活化」，以及「農村休閒產業發展與活化」等（表 2-3）。此外，水保局亦針對農村社區推動農村再生建構配套措施，為社區提供相關的協力資源。諸如試辦「農村再生區域學習平臺」、建立「社區關懷與陪伴」機制、以「農村再生歷程網」為資訊交流平臺，分享推動農村再生資訊。同時也持續辦理「青年回鄉築夢計畫」和「大專生洄游農村競賽」，並增設「大專生洄游農 Stay」、「大專生洄游農村二次方行動計畫」、「青年回留農村創新研究計畫」等計畫，鼓勵非農業領域專業青年參與農村發展，引進創意及不同專長協助農村社區，以及為社區提供聘僱青年的「農村再生青年回鄉築夢計畫人員」機制等。

為了擴展農村再生的示範效果，第二期計畫除接續辦理以服務農村之傑出個人為主的「農村領航獎」，也開始開辦「金牌農村」選拔。相較於表揚農村特定工作者個人的農村領航獎，金牌農村更強調社區在生產、生活、生態的綜合表現，以及社區組織運作對於農村社區未來發展的願景和實踐策略，並由縣市政府進行初選，再由獲選縣市金牌農村參與全國決選，最後選出全國金牌、銀牌、銅牌，及優等農村（表 2-4）。得獎者除獲得獎金（金牌獎金 50

## 圖 2-2、農村再生第二期相關計畫資源架構

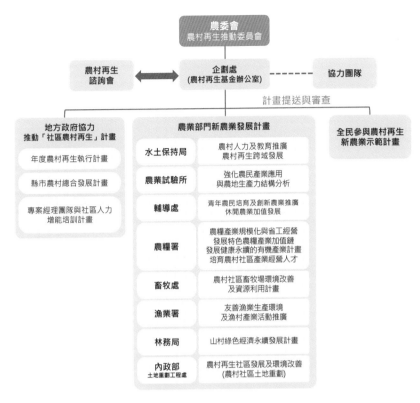

資料來源：農業部，推動農村再生 2.0。https://www.moa.gov.tw/ws.php?id=2506295

## 圖 2-3、農村再生第二期與新農業政策結合執行架構

資料來源：行政院農業委員會（2015）農村再生第二期（105 至 108 年度）實施計畫（核定本），頁 45。

## 表 2-3、農村再生第二期重點工作項目

| 工作項目 | 主要推動內容 |
|---|---|
| 農村再生規劃及人力培育 | 1. 農村再生規劃與管理<br>2. 農村再生人力培育<br>3. 農村再生宣導與推廣<br>4. 青年農民培育<br>5. 創新農業推廣 |
| 推動農村再生計畫 | 1. 整體環境改善及公共設施建設<br>2. 產業活化<br>3. 文化保存與活用<br>4. 生態保育<br>5. 個別宅院整建 |
| 農村產業條件與生活機能改善 | 1. 推動農村社區產業加值<br>2. 農村產業環境及基礎建設<br>3. 農村社區土地重劃<br>4. 農村社區畜牧場環境改善及資源利用 |
| 農村社區農糧產業活化 | 1. 農糧產業規模化與省工經營效益<br>2. 發展特色農糧產業加值鏈<br>3. 發展健康永續的有機產業<br>4. 培育農村社區產業經營人才 |
| 農村休閒產業發展與活化 | 1. 建設休閒農業區優質環境<br>2. 推動農業旅遊創新發展<br>3. 漁村旅遊及產業活動推廣 |

資料來源：整理自行政院農業委員會（2015）農村再生第二期（105 至 108 年度）實施計畫（核定本），頁 48-62。

## 表 2-4、全國金牌農村競賽得獎社區

| 2018 年第一屆 | | | 2021 年第二屆 | | |
|---|---|---|---|---|---|
| 獎項 | 縣市 | 社區 | 獎項 | 縣市 | 社區 |
| 金牌 | 新北市 | 三芝區共榮社區暨安康社區 | 金牌 | 南投縣 | 南投縣埔里鎮珠仔山社區 |
| 金牌 | 新竹縣 | 北埔鄉南埔社區 | 金牌 | 南投縣 | 南投縣埔里鎮桃米休閒農業區 |
| 金牌 | 臺東縣 | 鹿野鄉永安社區 | 金牌 | 嘉義縣 | 嘉義縣阿里山鄉茶山社區 |
| 銀牌 | 宜蘭縣 | 員山鄉內城社區 | 金牌 | 高雄市 | 高雄市永安區新港社區 |
| 銀牌 | 苗栗縣 | 公館鄉黃金小鎮休閒農業區 | 金牌 | 屏東縣 | 屏東縣內埔鄉東片社區 |
| 銀牌 | 苗栗縣 | 大湖鄉薑麻園休閒農業區 | 銀牌 | 桃園市 | 桃園市大溪區內柵社區 |
| 銀牌 | 臺南市 | 後壁區仕安社區 | 銀牌 | 新竹縣 | 新竹縣寶山鄉新城社區 |
| 銅牌 | 桃園市 | 龍潭區三和社區 | 銀牌 | 雲林縣 | 雲林縣古坑鄉華南社區 |
| 銅牌 | 彰化縣 | 埔鹽鄉大有社區 | 銀牌 | 嘉義縣 | 嘉義縣新港鄉板頭社區 |
| 銅牌 | 南投縣 | 埔里鎮一新社區 | 銀牌 | 花蓮縣 | 花蓮縣玉里鎮赤科山社區 |
| 銅牌 | 南投縣 | 仁愛鄉南豐社區 | 銅牌 | 宜蘭縣 | 宜蘭縣冬山鄉中山社區 |
| 銅牌 | 嘉義縣 | 太保市後庄社區 | 銅牌 | 臺北市 | 臺北市內湖區白石湖社區 |
| 銅牌 | 臺南市 | 後壁區無米樂社區 | 銅牌 | 桃園市 | 桃園市龍潭區大北坑社區 |
| 銅牌 | 高雄市 | 大樹區龍目社區 | 銅牌 | 新竹縣 | 新竹縣新埔鎮旱坑社區 |
| 銅牌 | 花蓮縣 | 瑞穗鄉富興社區 | 銅牌 | 苗栗縣 | 苗栗縣三義鄉雙潭社區暨雙潭休閒農業區 |
| 優等 | 臺北市 | 北投區湖田社區 | 銅牌 | 臺中市 | 臺中市豐原區公老坪社區 |
| 優等 | 苗栗縣 | 南庄鄉蓬萊社區 | 銅牌 | 雲林縣 | 雲林縣口湖鄉金湖休閒農業區 |
| 優等 | 臺中市 | 外埔區水流東休閒農業區 | 銅牌 | 屏東縣 | 屏東縣枋寮鄉新龍社區 |
| 優等 | 南投縣 | 水里鄉上安社區 | 銅牌 | 臺東縣 | 臺東縣關山鎮電光社區 |
| 優等 | 雲林縣 | 大埤鄉西鎮社區 | 優等 | 新北市 | 新北市淡水區忠寮社區 |
| 優等 | 屏東縣 | 牡丹鄉高士社區 | 優等 | 苗栗縣 | 苗栗縣苑裡鎮山腳社區 |
| 優等 | 臺東縣 | 海端鄉崁頂社區暨關山鎮新埔社區 | 優等 | 南投縣 | 南投縣仁愛鄉南豐社區 |
| | | | 優等 | 高雄市 | 高雄市旗山區糖廠社區 |

資料來源：本計畫整理自農村風情網：
https://rural.ardswc.gov.tw/best/gold-farm

## 表 2-5、第二屆、第三屆農村領航獎得獎名單

| 第二屆農村領航獎（108 年度） | | | 第三屆農村領航獎（112 年度） | | |
|---|---|---|---|---|---|
| 縣市 | 姓名 | 貢獻標的社區 | 縣市 | 姓名 | 貢獻標的社區 |
| 宜蘭縣 | 林長輝 | 冬山鄉中山社區 | 宜蘭縣 | 李順義 | 蘇澳鎮朝陽社區 |
| 新北市 | 蔡威德 | 坪林區坪林地區 | 宜蘭縣 | 李振福 | 冬山鄉中山社區 |
| 新北市 | 葉家豪 | 石碇區光明社區 | 臺北市 | 林翠娥 | 內湖區白石湖社區 |
| 桃園市 | 江增平 | 龍潭區大北坑社區 | 新北市 | 李鎮榮 | 淡水區忠寮社區 |
| 新竹縣 | 包佳靜 | 北埔鄉南埔社區 | 新竹縣 | 呂易丞 | 新埔鎮旱坑社區 |
| 新竹縣 | 王翎鳳 | 寶山鄉新城社區 | 新竹縣 | 劉華柱 | 新埔鎮大坪社區 |
| 苗栗縣 | 涂育誠 | 大湖鄉栗林社區 | 苗栗縣 | 李誌倫 | 卓蘭鎮壢西坪社區 |
| 苗栗縣 | 黃文詣 | 大湖鄉義和社區 | 彰化縣 | 賴昭旭 | 二水鄉源泉社區 |
| 苗栗縣 | 林彥伶 | 苑裡鎮苑坑社區 | 彰化縣 | 楊黃美春 | 芬園鄉德興社區 |
| 臺中市 | 賴素鈴 | 大里區竹仔坑社區 | 南投縣 | 黃 瑞 | 埔里鎮珠仔山社區 |
| 臺中市 | 李奇芳 | 后里區泰安社區 | 南投縣 | 黃星豪 | 埔里鎮桃米社區 |
| 臺中市 | 徐振捷 | 后里區仁里社區 | 雲林縣 | 蔡云姍 | 口湖鄉金湖休閒農業區 |
| 臺中市 | 劉金湖 | 外埔區永豐社區 | 雲林縣 | 李萬壽 | 虎尾鎮堀頭社區 |
| 臺中市 | 楊嘉熙 | 東勢區慶福社區 | 雲林縣 | 陳玉釵 | 口湖鄉蚵寮社區 |
| 臺中市 | 陸冠全 | 豐原區公老坪社區 | 雲林縣 | 張和賢 | 古坑鄉大埔社區 |
| 雲林縣 | 林建安 | 林內鄉烏塗社區 | 嘉義縣 | 謝勝麒 | 義竹鄉中平社區 |
| 雲林縣 | 劉小貞 | 古坑鄉草嶺社區 | 臺南市 | 張美雪 | 後壁區頂長社區 |
| 嘉義縣 | 嚴清雅 | 梅山鄉太平社區 | 臺南市 | 魏宗淇 | 白河區內角社區 |
| 嘉義縣 | 吳淑芳 | 東石鄉塭仔社區 | 高雄市 | 張博仁 | 彌陀區 |
| 嘉義縣 | 田佳玲 | 阿里山鄉茶山社區 | 高雄市 | 潘怡禎 | 六龜區新開部落 |
| 臺南市 | 廖育諒 | 後壁區仕安社區 | 高雄市 | 曾渝煊 | 旗山區糖廠社區 |
| 高雄市 | 張 琪 | 甲仙區大田社區 | 高雄市 | 陳坤成 | 永安區新港社區 |
| 高雄市 | 李婉玲 | 六龜區寶來社區 | 屏東縣 | 姜福慧 | 內埔鄉東片社區 |
| 高雄市 | 蘇國禎 | 永安區新港社區 | 屏東縣 | 黃 隆 | 枋山鄉楓港社區 |
| 高雄市 | 謝坤淞 | 大樹區龍目社區 | 屏東縣 | 林春來 | 枋寮鄉新龍社區 |
| 澎湖縣 | 許政忠 | 湖西鄉湖東社區 | 屏東縣 | 潘嘉明 | 萬巒鄉赤山社區 |
| 臺東縣 | 彭衍芳 | 關山鎮崁頂社區 | 澎湖縣 | 洪振坤 | 湖西鄉紅羅社區 |
| 臺東縣 | 高世忠 | 金峰鄉賓茂社區 | 臺東縣 | 陳人鼎 | 東河鄉尚德社區 |
| 臺東縣 | 潘寶瑩 | 關山鎮電光社區 | 花蓮縣 | 張慧芳 | 豐濱鄉復興部落 |
| 花蓮縣 | 朱進郎 | 光復鄉馬太鞍社區 | 花蓮縣 | 黃偉峰 | 玉里鎮春日社區 |

說明：農村領航獎名單不分名次，係依地理位置排序。
資料來源：本計畫整理自農業部相關網站公告。

2022 年 11 月金牌農村前往德國參訪，進行交流與深度學習。
圖片提供 / 農業部農村水保署

萬元）外，另可獲得前往德國農村進行交流與深度學習的機會。與此同時，農村領航獎也持續舉辦，每屆選出 30 名獲獎者（表 2-5），並邀請獲獎者共同赴日進行農村交流。

在執行機制調整上，自 2018 年改由各地方政府推動「農村再生培根計畫」，並由地方政府整合自身資源與規劃政策重點，以三年為一期，分年分期辦理「縣市農村總合發展計畫」，以主題式、跨社區、大整合角度，呈現跨區域農村產業、景觀、生態、旅遊、文化等整合發展。除此之外，農村再生 2.0 也更強調資源跨域整合的主題亮點計畫，讓具有不同區位特性的農村能夠依照其所屬區域的產業、自然資源與社會文化等特性，透過跨區域的連結擴散效益，從而打造區域亮點與產業。而在農村產業與環境改善上，則是推動「農村社區企業經營輔導計畫」和協助客委會共同打造「臺三線客庄浪漫大道」。前者係針對農村社區產業已設立之公司、合作社、獨資或合夥事業，提供必要之專業育成輔導及資金補助。後者則是配合客委會協助環境整備，建構北臺三線沿線特色農業及豐富農林地景，並以推展地產地消、促進觀光作為政策主軸。除此之外，銜接農委會林務局積極推動的里山生態保育，不只加入「國際里山倡議夥伴」（International Partnership for the Satoyama Initiative, IPSI）網絡，更與位處里山的農村社區合作，提出社區永續發展指引及農村地景利用規劃。

「木酢達人」從製炭跨到
清潔用品生產，如今再以
木作技術投入地方創生。
資料來源／豐年社
攝影／吳尚鴻

## （三）農村再生計畫第三期
## （109-112 年度）

2020 年開始推行的農村再生計畫第三期（簡稱農村再生 3.0），高度受到 2018 年通過的「第六次全國農業會議」、「地方創生國家戰略計畫」和「全國國土計畫」所影響。此一時期所提出的農村發展關鍵問題為：（1）忽略農業外溢性價值，農產業成長率停滯；（2）都市磁吸效應，從農人口的高齡化及缺工；（3）城鄉落差擴大，生活機能建設落後都市；（4）自然資源超限利用，破壞農業生產環境和農業地景；（5）傳統文化及草根知識的農村價值維繫與傳承危機。[6] 其中 2 至 4 項即是對應著地方創生和國土計畫所意圖解決的青壯人口流失和土地使用亂象等問題。為了解決這些問題，農村再生 3.0 所擘劃的推動模式，也呼應「第六次全國農業會議」提出的「完善農民經濟保障，打造宜業宜居新農村」發展願景，設計相關行動方案。「第六次全國農業會議」結論所提出的施政主軸包括：（1）成立農村統籌暨傳播單位。（2）強化農村人才培育。（3）農村計畫轉為投資概念。（4）強化基礎公共建設。（5）訂定農村發展專法。（6）發展農村綠色照護。（7）推動在地行動方案。這些主軸也反映出，農村發展的課題已遠非個別農村社區組織所能解決，因而必須納入更多元的參與者和行動策略。

基於此，農村再生 3.0 以「SMART 賢輩」之重要關鍵元素強化農再行動計畫，著重於小農、

食農教育、人力回流、科技、再生能源、地產地消、里山里海精神、高齡健康服務、再生農村傳統智慧及文化傳承等議題，包括：（S）小農（Small Farmer）、里山精神（Satoyama）、里海精神（Satoumi）。（M）綠色行銷（Green Marketing）、社會行銷（Social Marketing）。（A）高齡健康服務（Aging Service）、食農教育（Agri-Food Education）。（R）人力回流（Return）、再生（Regeneration）、再生能源（Renewable Energy）。（T）科技（Technology）、團隊協作（Teamwork）。[7]

總體來說，農村再生 3.0 嘗試以農村發展的新典範（New Paradigm）為核心論點，強調對於夥伴關係和發展策略重新思考，並藉由建構農村創新治理模式，讓農村以創新實驗室的方式，得以有機會推展另類的發展實踐，而政府扮演的角色，也從指導者逐漸轉型為支持者。因此，政府資源挹注的目標，同樣需要超越過去的補貼模式，改以投資策略的思維，促進農村的發展轉型。以農村發展投資為核心，農村再生 3.0 所規劃的四大主軸，包括產業經濟活力、文化傳承創新、農村空間改善、社會資本連結等，並據以策劃相關的工作項目（表 2-6）。另一方面，農村再生計畫的執行主體，已開始大幅跨越以農村社區組織為主的體系，廣泛地將農業技術研發單位、專業顧問、公司企業、非營利組織、大專院校等納入共同合作行動的對象，藉由擴展行動者和工作項目，為農村納入新的發展動能。

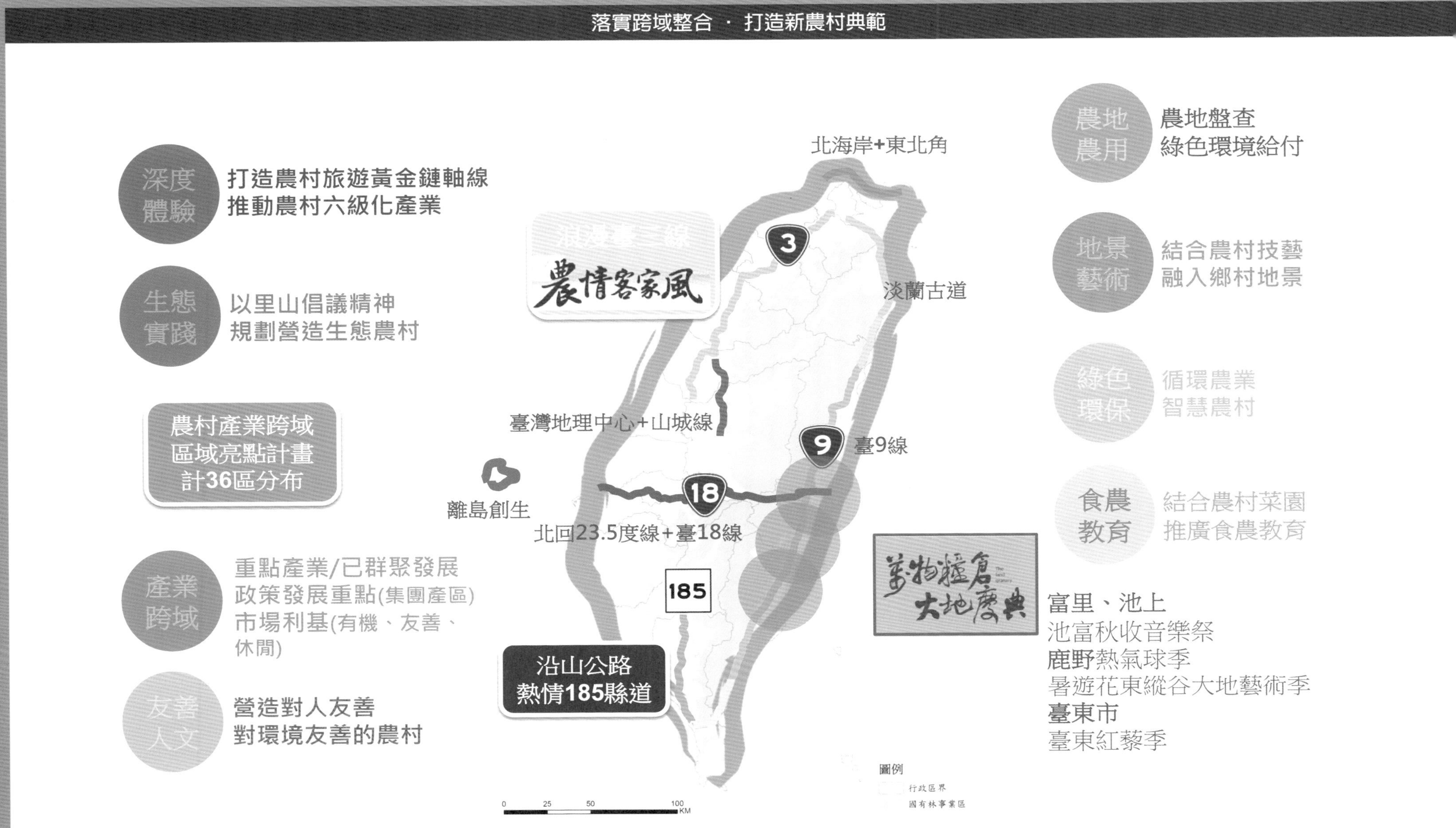

落實跨域整合 · 打造新農村典範
深度體驗
打造農村旅遊黃金鏈軸線
推動農村六級化產業
生態實踐
以里山倡議精神
規劃營造生態農村
農村產業跨域
區域亮點計畫
計36區分布
產業跨域
重點產業/已群聚發展
政策發展重點(集團產區)
市場利基(有機、友善、休閒)
友善人文
營造對人友善
對環境友善的農村
農情客家風
北海岸+東北角
淡蘭古道
臺灣地理中心+山城線
臺9線
離島創生
北回23.5度線+臺18線
185
沿山公路
熱情185縣道
萬物糧倉大地慶典
圖例
行政區界
國有林事業區
0 25 50 100 KM
農地農用
農地盤查
綠色環境給付
地景藝術
結合農村技藝
融入鄉村地景
綠色環保
循環農業
智慧農村
食農教育
結合農村菜園
推廣食農教育
富里、池上
池富秋收音樂祭
鹿野熱氣球季
暑遊花東縱谷大地藝術季
臺東市
臺東紅藜季

（農業部楊槐駒提供）

## 表 2-6、農村再生第三期主要執行策略

| 主軸面向 | 行動策略 | 主要工作項目 |
|---|---|---|
| 在地經濟與競爭活力 | 1. 農業生產結構調整 | ・農村農糧產業生產結構調整計畫<br>・農產品加值與打樣整合服務體系建構 |
| | 2. 人力培育與企業化經營 | ・農村社區產業輔導及推廣<br>・強化農民策略思維與產業應用<br>・活力農民分群分級培育輔導 |
| | 3. 提升農產品的整體行銷策略及開發新通路 | ・農業旅遊創新發展及市場拓展<br>・特色農糧產業創新與發展計畫 |
| | 4. ICT 及農業物聯網整合應用 | ・運用資通訊技術（ICT）強化農業發展及推廣計畫<br>・農產品批發市場現代化供銷資訊體系整合系統 |
| 生產環境與生活空間 | 1. 農業地景的維護與經營 | ・活化農地資源利用<br>・里山倡議維護農村地區生產地景計畫 |
| | 2. 鼓勵友善環境耕作轉型 | ・發展健康永續的有機產業<br>・友善漁業生產環境及漁村永續發展<br>・農村社區畜牧場環境改善及資源利用計畫 |
| | 3. 基礎建設與生活品質的提升 | ・農村生產環境及生活空間改善計畫<br>・優化農業推廣教育訓練場域計畫 |
| | 4. 土地使用與產權空間分配的調整 | ・農村社區土地重劃<br>・國土計畫法之農業發展區規劃作業 |
| 文化襲產與知識創新 | 1. 農村價值的推廣與再建構 | ・發揚農村文化與生活風格<br>・農村文化保存與再生典範推廣 |
| | 2. 發展具創新意涵的農村產業 | ・建設休閒農業區優質環境<br>・推動農村社區體驗加值發展<br>・推動地方創生振興漁村產業<br>・林產業多元利用發展 |
| | 3. 強化在地知識與農村社會文化價值 | ・彙整農村在地知識與文化，論述、傳承農村重要文化與價值<br>・農村發展規劃、社會文化調查紀錄及實踐計畫 |
| | 4. 活化農村發展的人力資源 | ・幸福農村在地資源多元發展<br>・農村農產業人力活化<br>・優化農村再生人才培育<br>・鼓勵青年回留農村協助農村發展 |
| 社會資本與夥伴關係 | 1. 城鄉交流與社會資本的連結 | ・建立一般社會大眾與農業／農村議題的連結<br>・里山生態社區永續經營 |
| | 2. 跨域合作與創新網絡的形成 | ・社區農村再生計畫 - 縣市農村總合發展計畫<br>・營造農村區域發展亮點 |
| | 3. 在地夥伴能力的建構與陪伴 | ・協助社區居民自主解決問題的能力<br>・強化農村社區由下而上的共同參與制度 |
| | 4. 公私協力與網絡化機制的建置 | ・鼓勵以創新的方式，促進公私部門的整合，穩定公私協力合作關係 |

資料來源：整理自行政院農業委員會（2019）農村再生第三期（109 至 112 年度）實施計畫（核定本），頁 31-61。

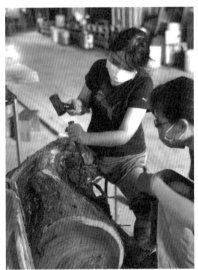

森林循環湖口創生地方青年工作站聘僱木匠、木雕師傅，提供青年學習與傳承技藝的機會，學員完成的作品還可帶回收藏和交由工作站協助銷售。
資料來源／豐年社
攝影／羅文苑

　　除此之外，在地方創生政策的影響下，如何利用農再資源共同解決農村人口流失和農村再發展的問題，也引發諸多關注與討論。為了回應地方創生政策的推動需求，農村再生計畫也結合前瞻基礎建設計畫中的「城鄉建設：加速推動地方創生」資源，編列相關的補助資源作為支持農村創生工作所需。而為回應國土計畫的推動，農委會同時期也提出「農產業空間規劃」，指認農業發展所需區位及策略，確保各縣市政府在制定國土計畫中的鄉村地區整體規劃時，能夠更明確地掌握農業發展需求，進而維繫國家農業整體的永續發展。未來，更希望建構縣市農地利用綜合規劃，引導縣市內的農村再生總體計畫及農村再生發展區計畫，對接國土計畫之農業部門空間發展計畫，再由鄉鎮農地利用綜合規劃對接鄉村地區整體規劃。

# 二、農村再生的推動案例

## （一）平原農村：臺南市仕安社區

純淨無毒的白米，對於仕安社區來說，既是力量，也是驕傲。

仕安社區位於臺南市最北端後壁區的西側平原區，聚落集中於南83線與五甲路兩側，面積約4平方公里（400公頃）。[8] 早期稱下長短樹，戰後改名為仕安村，2010年臺南縣市合併升格後改名為仕安里，2019年後與鄰近兩里合併為長短樹里。[9] 正如臺灣許多農村一樣，仕安社區同樣面臨青壯年外流、人口老化的問題。儘管社區設籍戶數239戶、人口600多人，[10] 但實際居住人口僅有200多人。[11] 其中，老年人口佔21%，[12] 更已超過「超高齡社會」（20%）

歡迎蒞臨仕安社區，緬懷五分車之環境改造綠美化。圖片提供／農業部農村水保署

的標準，而社區內建物也因人口外流而閒置荒廢。[13] 但另一方面，仕安社區所在的後壁區，同時也是臺南最大的稻米產區。與仕安相鄰隔壁的無米樂社區，更因紀錄片《無米樂》而全國知名。

讓米業的經營和社區老人的照護結合起來，是仕安社區最重要的發展特色。而在其中扮演關鍵角色的，是自新營遷居回到仕安的廖育諒。廖育諒原本在新營經營空調工程，有一段時間因為住在仕安社區的父親需要就醫，只好來回奔波。他在過程中注意到，社區中的長輩，兒女都住在更遠的城市，無法接送；加上社區人口少，沒公車經過，長輩就醫看診拿藥都非常不方便。因此，廖育諒偶爾會協助接送老人進城看病、拿藥。只是，個人的力量有限，要能夠擴大服務對象且長期穩定地提供服務，必須改變運作的機制與角色。

幾經思考討論後，廖育諒決定在 2010 年參選仕安里長，最後也險勝獲選。他當選里長後的第一件事，就是自費購買一輛九人座小巴、聘請司機，定期載長輩就醫。[14] 這不僅僅是「社區公車」，更是陪醫車。每週一、三、四、五，陪醫車都會到府接送有需要的長者到藥局、診所及醫院，幫忙掛號、陪伴就診、拿藥，並送回社區。每週二則另外協調柳營蔡瑞頒醫師在活動中心駐診。[15] 廖育諒回想，社區長輩很可愛，坐車時會相招一起去，即使沒有要看醫生也沒關係，起初只是想解決就醫問題，沒想到，每趟巴士出發，都凝聚了鄉親們的感情，找回傳統社會互助的感覺，是意外的收穫。[16]

廖育諒也注意到老人家有營養不良、營養不均衡的問題。因為家裡只有一、二個人，經常煮一大鍋，每餐再拿出來重複加熱，營養早已流失。因此，廖育諒也利用社區活動中心的空間，規劃「長青食堂」，每週一中午由社區媽媽提供共餐和送餐服務。另一方面，廖育諒里長也組織社區長者共同組成清潔隊，藉由每天早上的社區打掃活動，既可以讓長者藉此活動筋骨、彼此閒話家常、增進對社區環境的認同與榮譽感，同時也可以透過是否定期出席和打掃過程中的肢體活動狀況，間接掌握鄰里長者的健康情況。

然而，里長的事務費和自身收入，不足以長期負擔陪醫車

幹部會議。
圖片提供／仕安社區

及長青食堂的開銷，政府補助與個人捐助也都是一時性的，廖育諒開始思考社區經濟的可能性。社區如果要一起創造收入，什麼是最好的方式？廖育諒認爲「米」是非常具有潛力的在地產業，而且關鍵是如何在賺錢過程中，讓大家都有參與感。[17] 於是 2013 年廖育諒和 50 多位村民經臺南市社會局建議，採用「合作社」制度，確保股息和結餘分配不受人事更迭而改變，成立了「仕安社區合作社」，契作販售無毒米，每年撥出營收結餘約 20％回饋社區，並給予會員 10％年息。[18]

「社區合作社」的提案構想，一開始也被許多社區長輩質疑是個「詐騙方案」，擔心投資下去的股金會有去無回。因此，廖育諒趁過年時召集返鄉年輕人一起發傳單、向長輩解釋合作社的構想和營運方式，累積社區長者的信任感。另一方面，則是著手規劃股金制度，將入股金額設定爲每股 100 元，最少 50 股、最多 2 千股，也就是入股金範圍可以從 5,000 元到 20 萬元之間，居民可以評估自身風險而選擇入股金額的彈性很大。此外，持續營運的社區陪醫車，不只讓大家看到社區共同照護措施的實質幫助，也在無形中提高居民對里長的信任感，因而也逐漸轉變大家對社區合作社的想法。最後，在眾人努力下，居民共同集資 251 萬元，超乎原本的預期，並在 2013 年正式成立「仕安社區合作社」。[19]

要經營米產業，就必須讓米本身有所不同。

特別是在普遍採用慣行農法的稻米生產上，能否改以不施農藥與化肥的無毒農法、友善農耕，成爲經營米產業的關鍵。但要說服社區老農不要再用農藥與化學肥料，並非易事。仕安合作社因而從兩處著手：一是開辦課程，告訴農民友善耕種的益處；二是讓合作社以高於慣行農法稻穀市價四成的價格，收購友善生產的稻米，且保證八成的產量收購，爲生產者提供更穩定且有保障的耕種收入。[20] 但在推動初期，由於農民不熟悉新農法而損失慘重。第一年契作時，原本預估一分地有 1,000 斤的收成，但在蟲害侵蝕下，最後只收成 300 斤。儘管如此，爲了維繫合作社營運的信譽，以及確保社員的信任與向心力，廖育諒便主動與股東協商，由合作社依原先承諾的收購量和價金支付（一分地收購 800 斤），讓大家往後能共同爲合作和發展而努力。[21]

合作社的第二年即開始有廠商尋求合作契作黑豆，合作社也因而改變社區農地的耕作安排，第一期維持種稻，產量減少的第二期改種較耐病蟲害和極端天氣的黑豆。[22] 成立第三年，合作社終於轉虧爲盈。2015 年時，合作社營收規模約 200 萬，依社員會議決議撥出 10 多萬元回饋社區，投入陪醫車、老人共食、學童課後輔導、社區環境清潔、搶救邊緣家庭等五項用途，讓社區產業收益與社區照顧事業緊密相連。經費需求不足的部分，另以大眾捐款、中國信託慈善基金會、勞委會等機構補助支應。[23]

爲了拓展社區有機米的行銷管道，仕安社區

仕代平安米及仕安茶等相關優質產品。
圖片提供／農業部農村水保署

仕安米無毒契作生產區。 圖片提供／農業部農村水保署

合作社從經營自身網路平臺、參與活動擺攤等方式開始，同時也拜訪許多單位與農產銷售通路。雖然也曾嘗試與連鎖門市合作，但礙於上架費太高而放棄。[24] 不過，對的方向只要堅持下去，終究能夠獲得認同。2013 年爆出糧商混米事件後，主婦聯盟由於對原物料的堅持，決定從源頭把關，因此在 2015 年找上仕安社區合作社，契作主推產品「米漢堡」的專用米。[25] 主婦聯盟不僅是仕安社區合作社最大的客戶，更是仕安社區合作社堅守無毒耕作，推動產銷履歷與爭取有機耕作，獲得有機農產品認證的主要推手。經歷三年的合作後，主婦聯盟要求仕安社區合作社提升無毒生產的認證體系，讓合作社生產的友善米更具有「證據可循」。在雙方合作下，仕安社區於 2017 年在生產體系中納入生產履歷登記環節，2018 年 10 月更通過友善耕作認證。如今，主婦聯盟成為仕安社區合作社最大客戶，約佔全部產量的 6 成至 7 成。[26]

隨著生產銷售量穩定擴展，收割後的碾米與烘乾後續作業，成為下一階段尋求產業加值時必須克服的環節。由於社區內並沒有碾米與烘乾等器材，所以都得拿到外面的碾米廠加工。但因為相較於其他品牌產量，仕安社區合作社的產量僅佔少數，因此必須趕在稻米大戶收成前，提前收割送至碾米廠作業。[27] 因為在稻穀只有七分熟就趕著提早送廠，產量為此受限。[28] 為解決這一狀況，仕安社區合作社向農委會水保局申請「農村社區企業經營輔導計畫」和「農村區域亮點計畫」，結合向勞動部勞動力發展署申請的「培力就業

仕安社區合作社集貨運銷處理室。 圖片提供/仕安社區

計畫」，以及由社區居民募資（約一千多萬元）的支持下，終於在 2018 年興建完成「仕安社區合作社集貨運銷處理室」，具備儲藏、碾米、冷凍、烘乾、米食研發及展售等多元功能，[29] 成為全國第一間由在地居民集資、規劃興建的集貨運銷處理室。

這間集貨運銷處理室，運轉著仕安居民共同的未來。友善耕作的農人，為集貨運銷處理室種植無毒稻米，得到比市價更高的報酬。年長的居民，在集貨運銷處理室烘乾稻米、挑米、製作米香、米麩等，除了領取酬勞，也獲得人際互動的快樂。居民在中午時分前往食堂共餐，需要看診的人搭乘陪醫車，孩童下課後有課後輔導，經費都是由集貨運銷處理室的盈餘來支付。外地的青年看見返鄉的希望，建築團隊、南藝大等學校也陸續進入社區，原本荒廢的建物得到活化，成為居民與外界交流的場域，為社區注入新的活力。

除了友善耕作的米產業和社區長者照護服務外，仕安社區發展協會也積極拓展照護的對象與社區發展措施。例如結合社區的青年世代，為學童提供課後輔導活動。此外，社區也與大學合作連結，藉由引入建築專業者和學生，讓學生駐村實習，共同將老屋與閒置空間改善活化與再利用。例如將

新竹北埔南埔空拍圖。圖片提供／農業部農村水保署

荒廢多年的豬舍改建為仕安農學院，提供木工教學、DIY 和社區講座空間；或是將社區的第二活動中心改為老人供餐和交誼場地等，以空間活化使用提振社區活動能量。仕安社區也因此在 2018 年獲得農委會第一屆金牌農村競賽銀牌，而卸下里長一職的廖育諒，也在 2019 年獲得農村領航獎的肯定。原本逐漸凋零的仕安，藉由社區經濟活動和照護活動的相互串聯，在社區內形成良善的循環，最終不僅讓整個社區煥然一新，也讓仕安成為農村再生的典範類型之一。

### （二）客家山庄：新竹縣南埔社區

水圳帶來活水，對於南埔社區來說，既是意象，也是實際。

南埔村位於新竹縣北埔鄉西南方，北有臺三線穿越，西隔大坪溪與峨眉鄉相望，地形因東、北、西三面為大坪溪所環抱分割，因此有著「山環水繞」、「前敞背實」的地理環境。全海拔高度介於 90-344 公尺，屬臺地地形。當地居民以客家族群為主，目前社區戶數 143 戶，社區人口 443 人。[※30]

南埔村早期曾是北埔的穀倉，村民聚集在河階臺地上，在日治中期還是個千餘人口的村落，有打鐵店、肉店、雜貨店等。但 1970 年代以來，由於南埔水圳淤積、漏水等因素，水源不足，加上進入 WTO 的衝擊，導致農業沒落，人口不斷外流，農田廢耕、休耕嚴重。[※31] 到了 2009 年時，總面積 70 公頃的耕地，居然只剩下 15 公頃有水可以灌溉。[※32]

面對家鄉的長期沒落，有些年輕人選擇返鄉，重新思考南埔未來的方向。其中，年輕村長莊明增是關鍵人物，他在 2006 年上任後，就經常召集村民開會、討論。莊明增回想，當初一回來是想讓南埔全村發展休閒觀光產業，但真正跟居民接觸後，發覺這方向不太對，休閒觀光不是居民要的。農村老化後剩下的都是老農民，如果要發展休閒產業，他們必須先投資花老本，他們對外也無法做行銷、接洽。他們真正想要

的只是生活環境改善，生產的東西賣得出去就好。後來調整發展方向，朝友善土地、友善環境方向走。[33] 最後全村取得共識，認為「南埔的發展前提是南埔水圳的整治」。[34] 原因很簡單：南埔水圳的源頭來自無污染的大坪溪，和北埔其他村落的水源不同，適合有機耕作。

修水圳村民大會。 圖片提供／南埔社區

南埔水圳建於清道光 25 年（西元 1845 年）8 月，由總墾戶金廣福及墾首姜家出資 700 圓所築。[35] 從大坪溪源頭至村裡，主線、支線加起來約 9 公里，南埔居民的灌溉和生活，全靠這條興建已逾百年的南埔水圳。南埔村位在中下游，能得到的水量一年比一年少，村裡半數農田被迫休耕。[36] 尤其在九二一地震後，山洞崩塌、高低位落差、圳體漏水等，讓水量更加減少。[37] 沒有水，就沒有辦法耕作，但大部分農民都希望能繼續耕作，因此南埔水圳的整治，可說是當時全村共同懷抱的大夢。

夢想要能實現，需要克服許多現實的難題。首先是經費的問題。莊明增村長曾任社區總幹事，在農委會水保局推行培根計畫時，帶著村子做了不少事情，令農委會覺得南埔村很有潛力，因此在 2008 年選定南埔村為全國 14 個農村再生試辦區之一，[38] 由水保局補助 4 千 2 百多萬的水圳整修款。

經費有了著落後，再來是地權及地界的問題。莊明增說，先前國民政府實施耕者有其田、三七五減租，很多老農有親身體驗，對於簽同意書感到恐懼，加上老人家學歷不高，很難說服。除了土地同意書，土地地界也是問題，當時內政部有做土地重測微調，有些人會去爭執現在水利會佔到他的地，要還他土地。當時莊明增不斷去溝通，希望按照現有水圳地區修繕改正，不要按照新的地界，因為新的地界必須花費更多時間，工期會拖更長。經過長時間的相處，莊明增慢慢與老農民建立起互信，讓他們知道這是為了後代子孫、將來而做改變，而不是為了跟他爭土地，讓他們能夠為農村發展願景讓步、讓利。[39]

解決了地權地界後，接下來要讓村民同意為整修水圳而無條件休耕一年。對於依靠農業生產所得的農民來說，休耕造成很大衝擊，也意味著這一年必須依靠外地子女或自身老本才能生活。因此，就有農民提出為什麼不分兩期做？面對不同意見，如何達成共識成為一大難題。但解決這個問題，其

實多半是靠農民之間互相溝通。很多問題農民自己溝通時就解決，加上用了兩三年去營造修繕水圳的氛圍，居民都意識到這是當地迫切需要的，最後反而大家都紛紛響應。[40]

等到真正要動工時，又有難題浮現了。以前搶修南埔水圳總是治標，哪裡坍方就修哪裡。現在大家決心治本，從下向上找原因，才發現中上游有 21 個隧道，因年久失修，加上九二一地震後部分崩塌，有的溝底滲漏，有的堵塞，難怪水流量變小。水圳需要清淤，但這不是簡單事。[41] 後來水圳工程發包，廠商發現圳路非常狹窄，工程人員必須鑽進去用探照燈，把淤泥清出來，非常難清理又危險，當時工程公司沒有人要接。[42] 最後是社區裡的四位長輩挺身而出，組成清淤小隊，包括有挖礦經驗且自告奮勇的周源瑞，以及蕭燕芳、莊謙達、李沐華的主動加入。由於隧道崩塌處很窄，寬度不到 60 公分，只能仰躺著工作。四人每天平均清除 10 噸淤泥，寒流來襲也照常上工。四位長輩年紀加起來超過三百歲，當時每天早上六點到下午兩點都去隧道清淤泥，足足持續了一個半月。[43]

修繕水圳全村休耕一年，也成為南埔社區的轉捩點。那一年，南埔居民積極討論未來規劃。居民不只忙著上課，也分工做各種社區調查，像是生態、米食、文化等，重新找出社區的文化脈絡。在全村參與各種訪調的努力下，南埔社區盡可能地完整保留當地石爺祭文化，更找出多元發展的方向。在社區產業部分，以米食和桶柑餅的改良方法為基礎，和農民合作推出南埔米、桶柑餅、桶柑醬、桶柑露、橄欖醬等。此外，在休耕那年也成立鹹菜桶打擊樂團，在地居民拿起鹹菜桶開始玩音樂，甚至演出當時修水圳的故事。[44]

南埔水圳終於在 2010 年 5 月重新通水，南埔社區經過休耕一年的醞釀，也吸引旅外和在地的「百業達人」，一起為故鄉的發展貢獻心力。南埔開漘以來保存至今的百年竹筒式水車，在「水車達人」陳煥祥的帶領與指導下，以維持古樸的風貌修復完成，重新運轉。「木工達人」蕭楨芳，在退休返回南埔養老後重出江湖，參與村裡所有木作設施及觀景臺的修建，也將技術傳授村裡的年輕人，並共同構思在村裡婦女洗衣洗菜的水圳邊，以古早工法搭建木作架構的洗衣亭。復育臺灣原生水生植物芡實的「芡實達人」郭光武、擅長以

南埔水圳通水典禮。 圖片提供／南埔社區

南埔社區培根課程。 圖片提供／南埔社區

培根社區成果展。 圖片提供／南埔社區

天然方式將芥菜醃漬成酸菜與福菜的「鹹菜達人」麥光燦，以及人稱番薯伯，長於竹編技藝的「農村達人」莊謙謹，也在村長莊明增的敦請下，開始積極參與南埔村的公眾事務。[45]

水圳重新開通，讓南埔村有了新希望。外出打拚的年輕子弟，發現故鄉又能耕作了，生活環境也日益進步，開始有人搬回來。也有竹科工程師辭掉原來的工作，攜家帶眷，選擇在南埔村定居，同時熱心投入社區事物，成為社區重要的一份子。有水耕作很好，但年輕人想要更多。他們嚮往小時候的農村景象，想回復那種「古早味」——環境單純，生活悠閒，人心純樸，透過有機，讓人和土地之間有更和諧的關係。他們還希望，營造「農村古早味」的想法，可以獲得來此遊客的認同。[46]

從農耕生活環境來看，南埔村可說是得天獨厚。在大坪溪三面環繞下，南埔具備從事有機農業的優良條件，加上當地濃厚的客家文化，吸引了對現代有機農業具有憧憬的年輕人。越來越多年輕人的參與，也讓村長莊明增當初要發展休閒觀光產業的想法，有了新的土壤和可能性。目前的南埔村正朝向休閒農業發展，有多處休閒產業經營良好，更招待許多外地遊客前來體驗客家山村的純樸之美。經過幾年的努力，南埔社區已經達到經濟上的自給自足，甚至有餘力支持青年專職協助社區建立行銷平臺。[47]

2012 年，莊明增因為協調修繕百年水圳榮獲農村領航獎。2018 年，南埔社區更獲得農委會第一屆金牌農村競賽金牌，得獎理由是：「社區具完善的組織運作制度及能力，居民凝聚力強，具多元的產業發展型態……。居民推動友善耕作，並與學校推廣密切連結，引動外部民眾及企業的迴響，成為夥伴關係。」參加金牌農村競賽，不只讓社區有自我展現的機會，競賽後獲得肯定的榮譽感以及實質的獎金，也對社區有激勵效果，同時也讓南埔社區經驗的影響力擴散到社區之外，對新竹縣其他鄉鎮傳達理念。

南埔社區運用農再資源推展社區軟、硬體建設的經驗顯示，農村再生政策可以配合社區的資源彈性很大，關鍵在於社區能否討論出有共識的行動，並且鼓動社區居民的主動參與，才能讓農再資源發揮最大效果。如今，社區已建立起定期討論的機制，包括村民大會、社區發展協會的理監事會、以及廟會等，居民大多也習慣開會討論公共、生活議題（例如設施修繕、活動舉辦等）的模式。

除了農再資源外，社區組織也積極探索串連其他資源的可能性。例如文化類的活動會與國小校長合作、環境教育方面的會與荒野保護協會合作，並申請其他部會的計畫資源來開發教案與社區活動。目前社區發展協會已經發展出九種可供學校使用的教案，希望能讓學生在國

新竹南埔，水到渠成。 圖片提供 / 農業部農村水保署

中小時期就開始將在地連結扎根。此外，面對社區未來長期的經營需求，社區也積極申請勞動部多元就業方案，用以培訓未來接班社區發展的第三代在地青年。

2019 年，當初接受莊明增邀約進來南埔社區從事社區發展工作的包佳靜，也榮獲農村領航獎，凸顯南埔社區經營的接棒有成。得獎理由是：「社區發展良好，擁有很強的觀光能量，為兼顧社區生活品質，透過提高導覽價格 30% 等方式，以價制量，讓遊客由萬人降到三千出頭，但總收入僅微微下跌 7~10%。在偏鄉教育部分，運用在地食農環境教育模式鏈結學校，更間接活絡在地小農與學校間多元合作模式。」

南埔社區是全國第一個通過農村再生計畫的社區，發展至今，當地四項主要農特產品：稻米、柑橘、柿子與番薯，加上美麗的夕陽，成就了遠近馳名的「幸福南埔，黃金水鄉」。這處原本被視為荒僻之地的山村，因著當地居民的強烈願景、熱情投入及政府單位的適當協助，已成為許多人心目中的桃花源，堪為客家山庄再生的典範。

## （三）濱海漁村：嘉義縣塭仔社區

風頭水尾，對於塭仔社區來說，既是宿命，也是未來。

塭仔社區位於嘉義縣東石鄉中心位置靠南處，東側與掌潭村及網寮村相鄰、北邊接永屯村和洲仔村、西臨東崙村與西崙村、南側則與布袋鎮中安里為界。[48] 社區位於非都市土地，屬於典型的漁村，北邊為荷苞嶼大排與朴子溪交會處。本村在地理上分為「塭仔」及「後埔」兩大區域，其中塭仔佔地較廣，人口也較多。[49]

1960 至 1980 年代，東石鄉是外銷白蘆筍的重要產區，種植面積一度達 1,500 公頃。[50] 當時的塭仔社區也以白蘆筍為主要作物，但隨著地層下陷及土壤鹽化，白蘆筍幾成絕響，

水稻也不易種植，僅剩雜糧尚可勉強收成，就業人口轉往製造業與養殖漁業。[51] 養殖漁業目前是塭仔社區經濟主要來源，也是最多居民投入的事業。養殖種類以臺灣鯛爲主，其次還有鱸魚、其他鯛魚類、白蝦，以及牡蠣、蛤蠣等。[52]

儘管地方產業大幅從農業轉型爲養殖漁業，爲當地帶來許多生計機會與家戶收入，但塭仔社區仍持續經歷中壯年人口外移、人口老化等趨勢。2015 年戶數登記爲 414 戶，人口數爲 1,056 人，比十年前減少 187 人，65 歲以上的人口約佔 21%。實際上，很多中壯年村民雖將戶口登記於此，但人卻不居住在村內，因此高齡化人口的比例實際上是更高。[53] 相對於中壯年外移，同時期有許多外籍配偶嫁入。2010 年東石鄉平均每 11 戶就有 1 名外配，[54] 塭仔也不例外。因此塭仔社區出現外配多、老人多、產業式微的三大特性。[55]

從外地嫁來塭仔的吳淑芳，在日常生活中實際體驗到「外配多、老人多、產業式微」，她用熱情、行動力與組織力做出回應，成爲翻轉塭仔社區的靈魂人物。吳淑芳每天上班都會經過菜市場，她發現，原本習以爲常的市集，攤位和顧客逐漸減少，終至停市。平常採買所需的雜貨店也歇業了。她的公公有次在街上跌倒，還好鄰居來通知才獲救。這些經驗讓吳淑芳開始思考：以後我老了，在路上跌倒，還會有人來通知嗎？生活機能日益低落的社區，是我想要養老的地方嗎？[56] 爲此，吳淑芳從 1988 年起便積極參加農委會或相關組織開設的課程，希望能及早開始爲往後在社區「養老」的生活做準備。[57] 她找到幾個志同道合的夥伴，用社區的蚵仔做蚵捲，到農特產品展售會販售，販售所得存入基金專戶，再用基金來購買花草等，整理、美化社區的景觀空間。[58] 無私的付出，慢慢吸引了其他夥伴。1996 年塭仔社區發展協會成立，吳淑芳擔任總幹事。

吳淑芳當時任職於農會推廣股，接觸到第一線的農漁民，發現很多人娶外籍配偶。這些新住民來到臺灣後，經常會被本地人歧視，夫家還會限制這些外配的行動和活動範圍，使得她們缺乏自信。[59] 看見這個問題的吳淑芳，在 1997 年成立「外籍配偶關懷協會」，協助外籍配偶考取駕照。[60] 經常接觸之後，吳淑芳還發現外配煮的菜，不符夫家口味。她便聘請老師，教導外配如何用當地食材，煮出符合臺灣口味的料理。之後，老師再引導外配在料理上加入自己家鄉的元

新住民姊妹走出夫家，積極參與社區活動。
圖片提供／農業部農村水保署

素，做出有特色的風味餐。這些培力活動相當成功，不僅讓外配增加生活技能，產生與協會的情感連結，協會也取得外配夫家的信任，讓外配更容易參加往後的活動。[61]

2002年吳淑芳從農會離職，專心投入社區工作，並以自己名字的諧音創辦「東石50分Life工作室」。工作室一開始只有一張名片，連實體空間都沒有。[62]吳淑芳以這個工作室為平臺，結合產業文化班，持續不斷推動農漁業休閒體驗活動、鼓勵班員自行研發特色美食，結合套裝活動推廣，甚至到處展售，籌措運作基金。[63]2007-2009年中興大學蔡必焜老師的「整合鄉村社區組織研究計畫」，以塭仔社區為計畫合作對象，自計畫中提撥部分經費協助啓動社造工作，以軟體活動引導組織運作及建立正

確觀念為主。[64]而當農村再生政策於2010年開始積極連結農村社區參與時，吳淑芳也著手召集社區夥伴共同參與培根計畫，一步一步歷經四年的培訓，並在2014年正式通過塭仔社區的農村再生計畫核定。

從2010年參與水保局的農村再生的培根訓練開始，吳淑芳除了引領塭仔社區發展協會共同參加培根課程，也熱心招集附近的西崙社區、東崙社區一起報名。因為這一機緣，吳淑芳在同年7月成立「嘉義縣鄉村永續發展協會」。協會成員來自四面八方，包含社區工作者、教育界、農村居民及熱愛和關心鄉村的夥伴，希望藉由這個組織整合附近社區的人力、提升產業的連結。[65]由於周邊都是人口外移、老化的漁村，吳淑芳也把附近的白水湖、網寮、栗子

塭仔社區培根課程。
圖片提供／農業部農村水保署

吳淑芳與新住民及社區媽媽到長庚大
學分享結合生態概念的在地料理。
圖片提供 / 吳淑芳

崙、洲仔等社區整合起來，建立「嘉義濱海漁村生活圈」。[66]

為了打造兼容地方特質和鄉村永續發展的理念，塭仔社區的農村再生計畫是以「綠水、綠食、綠生活」為主題。整個計畫的核心，是以無毒安全的農漁產品生產為基礎，建構健康的水、安心的產品，帶給在地居民一個無虞、無慮的生活空間，也給予大地一處可以接觸新鮮空氣、休養喘息的環境；進而以細水長流的經營模式，把人帶進來社區帶動在地消費，幫助產業創新加值。[67]

吳淑芳用具體行動來實踐上述的社區發展願景。她在 2014 年貸款買下一處廢棄的魚塭，[68]透過改善水質與生態環境，採取低密度養殖、讓虱目魚與白蝦共生、魚塭周邊不灑農藥、廣植綠色植物等方式，以身作則示範生態養殖的可行性。她的魚池不必經常換水，避免超抽地下水造成地層下陷；不用水車打氣，節省能源成本；不必投藥，讓魚蝦及食用者更健康。更重要的是，吳淑芳跳脫傳統以量取勝，收獲量大卻任由盤商殺價剝削的運作模式，明確地把生態養殖鑲嵌在生態旅遊的大脈絡之下。她設計種種體驗活動，如扒魚仔、蜈蚣網抓蝦、製作一夜干、銼蚵仔、陸上行舟、撫魚脯、採玉米等，同時讓遊客品嘗自行研發的「蚵捲」、「炊蚵」等，推廣食農教育。

除此之外，2013 年龍崗國小成立樂齡學習中心，也委託嘉義縣鄉村永續發展協會到塭仔、栗子崙、洲仔、網寮社區開辦樂齡課程，主題包含開發特色料理，也帶著學員挖掘產業故事，學員中更有不少是新住民媳婦。這些課程是希望培力新住民媳婦跳脫公婆的產業思維，透過認識自己和社區，與異國姐妹互相切磋，有一天能夠向外地人分享自己的故事和產品，從一、二級產業發展三級體驗。例如在協會的陪伴下，陳長花與丈夫在 2017 年合作發展品牌「白水湖的蚵學家」，開辦生態旅遊行程，目前陳長花不再靠盤商收購，而是養出一票忠實「蚵粉」，直接將牡蠣宅配到府，收益增長許多。[69]

2016 年，弘道老人基金會開始與嘉義縣鄉村永續發展協會合辦東石長照據點計畫。在東石高中志工的協助下，將廢校 10 多年的港墘國小洲仔分校重新整理，打造為長輩樂活基地，還發展出結合蚵粉與魚塭底土的「東石陶」特色課程，讓社區長輩化身為藝術家，活化社區產業廢棄素材和帶領體驗課程，讓居民獲得成就感。[70]2020 年，在臺灣企銀的贊助下，嘉義縣鄉村永續發展協會成立「銀髮樂齡學堂關懷據點」，讓長輩得到更完整的照護，改善備餐、用餐空間的照明、通風、濾水設備等，提升長輩到社區據點參與共餐等活動的意願。[71]

透過深度體驗旅遊，旅客打從心底認同塭仔社區，不僅往後願意再來旅遊或回購社區商品，也會口耳相傳幫忙推薦給親友。吳淑芳長期關注的新住民姊妹，更是生態旅遊運作環節的重

要人力，她們有時是帶領遊客認識本地產業的導覽員，有時是爲遊客準備本地食材烹煮的風味餐，更多的表現機會，除了增加她們的收入，也提升她們在家庭及社區中的地位。透過新住民姊妹的積極參與，塭仔社區也融入更多元的文化要素，提升對外地遊客的吸引力。這套細水長流的經營模式，長期運作下來，慢慢累積一定的基本客源，讓塭仔社區對於轉型更具信心。[72]

2019年吳淑芳獲得農村領航獎。
圖片提供／農業部農村水保署

青年社群的加入，是塭仔社區的另一個關鍵動力。在農委會水保局「青年回留農村創新研究示範計畫」的支持下，陸續有多位青年參與塭仔社區的農村再生計畫工作，共同協助策劃和執行生態養殖產品加工與體驗、友善麥田嘉年華活動、農漁產市集、體驗遊程、環境教育課程設計等活動，爲社區注入跨世代的創意與活力。「素人變達人」結合「青年創意社群」，社區出現越來越多元的人才，更因此發展出多元的產業機會。從青年的參與，到讓青年可以獨當一面承擔工作，社區組織持續扮演陪伴的角色，不只擴大參與的能量，也讓社區的發展工作得以建立永續的機制。

2018年，嘉義縣鄉村永續發展協會獲得國家環境教育獎團體組全國唯一特優獎。2019，吳淑芳獲得農村領航獎。她將塭仔社區從傳統漁村轉化爲生態養殖的研究場域，以「打破社區框架、跨領域跨區域連結」的概念，推動生態養殖，推廣在地漁產，更透過國際駐村青年團隊、新住民社區志工培訓等工作，讓社區資源使用最大化。不同於前述南埔社區的莊明增、仕安社區的廖育諒，吳淑芳不是村里長，她沒有整修百年水圳，沒有設立社區合作社，而是關懷弱勢的新住民姊妹，讓她們獲到自我實踐的可能；關懷無語的濱海土地，讓它們得到恢復生機的機會。風頭水尾的東石沿海，在塭仔社區的帶領示範下，正逐步轉型爲友善宜居的濱海漁村生活圈。

# 三、農村再生的
# 轉型與挑戰

　　根據農村再生歷程平臺所公布的統計資料，自 2010 年開始推動農村再生迄今，在全國 4,271 個農村社區中，已累積有 2,674 個農村社區、3,188 個社區組織參與其中，並陸續開辦 2,725 個培根計畫、核定 1,017 個農村再生計畫。[※73] 從農村動員的成果來看，一方面反映出農村再生政策確實引發許多農村社區的熱忱，積極參與討論和執行發展策略，但另一方面也映照出仍有許多農村社區不易在現行的推動機制中獲得所需協助。如何因應農村社區的行動特質和需求差異，並面對未來的發展趨勢和可能性，擘劃與調整農村再生政策，仍是未來政策的關鍵課題。

　　農村再生計畫的核心，在於為農村社區建構集體行動的基礎，協助社區共同邁向發展轉型。相較於 1990 年代後一系列的「建設富麗農漁村」和「城鄉新風貌」等示範型亮點計畫，農村再生更強調能提升全臺農村社區居民能力的培力機制，協助社區共同籌劃和參與產業、環境、文化等各面向的共同改善行動。此一過程不僅需要財務資源的挹注，更重要的是為農村引入專業知識和實務經驗的接觸學習機會，進而促使居民之間的溝通討論、意見交流和合作行動。而農政單位的角色，是從過往制定行動主軸和資源分配規範的立場，逐漸轉變為與社區共同合作的協力單位，協助社區獲取行動所需的專業資源和社會連結，並透過社區行動經驗的回饋，調整政策計畫的執行內容與方式。

　　從第一期的農村再生計畫到現階段推動的第三期農村再生，政策的資源架構和

宜蘭縣員山鄉深溝村的經驗交流會。跨領域的交流，有助於農村社區連結不同的專業與資源，
調整發展策略。 圖片提供 / 黃仁志

天埔社區的絲瓜生態藝象園內，有許多日常的食材與中藥草，是社區媽媽們的寶貝。

資料來源 / 豐年社
圖片提供 / 臺南市農業局

農村與農業發展需要跨世代合作，整合多種資源共同探索發展的可能性。照片為 2006 年第一屆
農學市集，各地參與農學市集的農友，齊聚交流彼此的經驗和對未來農村發展的構想。

圖片提供 / 黃仁志

永靖花卉產銷班第 9 班生產的菊花，在內銷市場上銷售穩定，而洋
桔梗在外銷市場上更創造出 1 年達 40-60 萬枝外銷量的好成績。

資料來源 / 豐年社
攝影 / 尤國峰

整頓新竹港北社區香草園的「巡港人」團
隊，開發香草花茶、裝飾紀念小物及香草
特色門牌等。

資料來源 / 豐年社
圖片提供 / 農委會水土保持局
　　　　　（現農村發展及水土保持署）

執行模式，也嘗試拓展資源應用的範疇和彈性。相較於農村再生初始之際所著重的「先培根後再生」，農村再生 2.0 之後更著重爲農村拓展跨領域的專業協助和行動機會，以及支持青年世代進入農村發揮創意、共同參與。這些變革與調整，讓農村有機會從不同行動者的觀點，看見農村產業經濟與生活環境的多元可能性，並在實踐過程中重新組構共同行動的參與者對象，爲農村賦予新的再生活力。

對農村社區而言，過往參與由決策者和專業者主導的計畫，多僅能以提供意見和需求的角色協助計畫執行，缺乏眞正的主導權和對執行成果後續經營維護的關切。然而，結合社區營造執行經驗的農村再生計畫，不只讓社區組織與居民更深入地主動籌劃農村的發展願景與行動策略，培養居民對長期發展的共同認知與實際行動，同時也能善用跨局處的資源開展不同面向的實驗計畫，讓居民所討論出來的願景構想能有機會加以嘗試。其中，最重要的是讓農村居民與社區組織工作者，開始改以「經營」的思維來看待農村發展，並從在地需求、未來願景、資源整合、跨世代合作等方式，探索解決農村發展問題的方法、累積開創行動所需的行動資本。尤其是在開發具有創造性與創意性的實驗方案上，結合農村再生的協力機制與跨部會資源，讓社區得以有承擔風險的本錢，勇於嘗試有別以往的創新行動。

從推動農村再生的案例經驗來看，農村發展的「經理人」和「經營團隊」是農村能否眞正再生發展的關鍵所在。好的經理人能夠引導居民的共同討論與行動、擘劃可行的發展願景和行動策略、安排事務活動的進行模式，進而協調各方利害關係人的分工合作，以及扮演與各方資源串聯應用的角色。更重要的是，藉由經理人的凝聚力，帶動社區居民對於參與行動的期待與熱忱。而優秀的經營團隊，則是能善用彼此之間的不同專長特質和資源網絡，支持另類的行動方案和創新作爲，挖掘在地資源的潛在價值並加以實現，進而爲農村建立從產業經濟到社會生活的正向循環。換言之，農村發展的成效並非由一地物產資源是否豐富所決定，而是社區能否以自身的情境條件和資源網絡爲基礎、以共同認可的願景爲目標，有謀略地逐步累積行動成果，進而建構支持創新的社會生態系。

儘管在農村再生政策的支持下，已有許多農村逐漸發展出亮眼的成效，但面對全臺灣四千餘個具有各自特質的農村社區，政策的推行實踐仍有其必須持續面對並加以攻克的挑戰，包括：如何協助動員能力不足的社區啓動再生發展、針對農村發展所涉及的法規制度侷限加以調整，以及在環境快速變化下完善未來農村生活所需的公共建設。在現行機制下，社區是否具備動員居民共同參與行動，是爭取農村再生資源的關鍵之一。然而，仍有許多農村處於人口嚴重外流、村中缺乏可以共同參與培根課程的成員，也尚未具備吸引青壯世代返鄉協助農

村發展工作的條件，因而不易推動農村再生計畫。未來如何針對這些在地行動能力較弱、動員能力不足的社區，另闢發展協力模式，需要在下一階段的農村再生計畫中納入考量。例如日本在推動地方創生時所規劃的「地方振興協力隊」制度，由中央補助地方聘用人手協助在地方發展工作，進而吸引移居者留居當地協助帶動產業轉型等方式，未來或許可以針對我國動員能力較弱的農村社區進行試辦。

法規制度的限制，諸如對於辦理農村觀光旅遊之營業單位的規範、興設農產加工廠或農村社會住宅的用地規範，或是申請國有土地撥用的對象與執行辦法，乃至於各部會所制定的計畫資源補助對象和使用規範等，往往是農村發展工作者在尋求創新作為時的重要挑戰。這些法規制度一方面建立一個共同依循的公平基準，但另一方面卻也侷限著各具特質差異的農村尋求其創新發展的機會。要突破這些法規制度，無論是修法改革，或是尋求另類的突圍策略，都無法仰賴農村工作者的單獨行動，而是需要公、私部門的共同協力。因此，未來在農村再生政策的執行策略中，同樣需要思考如何建構協助農村突破法規限制的策略。

完善的公共基礎建設是支持農村生產與生活的根基。維繫農村社會經濟活動所需的重要公共基礎建設，諸如交通運輸、通訊網路、灌溉水圳，乃至於文教醫療體系等，都遠非個別農村能夠處理的議題。這些需要規模化的投資，既非農政體系的權責範圍，且多屬於中央部會或地方政府的決策權，需要從縣市政府的尺度來籌劃建設的內容與模式，但也容易產生在回應不同農村需求時的顧此失彼問題。農村對於

在教育部青年發展署支持下，屏東縣政府以高樹鄉南華國小廢校後的校園，打造南區青聚點，成為南部地區青年交流與學習返鄉經驗的場域。

圖片提供／黃仁志

2015 年回到農村生活迄今，曾經是科技人、後來回家務農創辦「田野勤學」的陳光鏡，從「自己的黃豆自己種」開始，力推食農教育。

資料來源／豐年社
攝影／吳尚鴻

大尺度總體公共建設的需求，也反映出現行農村再生計畫與縣市發展計畫之間存在需要填補的鴻溝，包括縣市層級的農村總合發展計畫、縣市國土計畫中的鄉村地區整體規劃，乃至於部會體系中的區域發展計畫等，這些都有待未來的農村再生政策思考設計縫合機制的可能性。

「農村再生發展」是一個從個別居民到整體聚落、從土地利用到生活照護、從農業升級到農村創新的複合課題，同時也會受到外在環境變遷和城鄉關係演化的影響。農村再生政策的演化，既是農村發展行動成果的累積，也是對於持續浮現的挑戰之回應與調適。同樣地，農村社區的在地工作者也在其行動經驗中，持續探索不同發展策略的可能性，以及累積共同採取行動的專業協力網絡和社會連結資本。因此，農村再生就是在地方風土人文的基礎上，不斷地為農村探索各種具有未來性的發展樣貌與行動方法。未來，農村這片風土還會遇到那些挑戰？又如何在農村再生的推動體系中找到對應策略？不只需要政策單位協助社區掌握可能的風險與衝擊，也需要為農村開發更多元的行動工具和專業協力網絡。建構農村邁向永續發展的創新能力與韌性，仍將是農村再生最為關鍵的挑戰。

參考文獻：

1. 黃仁志（2020）1970 年代後的臺灣農村發展複合體制，頁 204。臺灣大學建築與城鄉研究所博士論文。

2. 同前引 1，頁 206-209。

3. 行政院農業委員會（2012）農村再生整體發展計畫暨第一期（101 至 104 年度）實施計畫，頁 2-4。臺北市：行政院農業委員會。

4. 同前引 3，頁 5。

5. 行政院農業委員會（2015）農村再生第二期（105 至 108 年度）實施計畫（核定本），頁 30-32。臺北市：行政院農業委員會。

6. 行政院農業委員會（2019）農村再生第三期（109 至 112 年度）實施計畫（核定本），頁 22-26。臺北市：行政院農業委員會。

7. 同前引 6，頁 5。

8. 臺南市後壁區仕安社區發展協會（2016/01/11）臺南市後壁區仕安社區農村再生計畫，頁 16。

9. 蔡振義（2021）社區型社會企業與生態系統發展──價值共創觀點，頁 86。輔仁管理評論（社會企業專刊），第 28 卷第 1 期。

10. 農村再生歷程整合發展平臺。仕安社區。https://ep.swcb.gov.tw/EP/default.html#/Comm?CM_ID=CM2011101817254116&CM_ISRGVERIFY=1（檢索日期：2023/08/30）。

11. 邵心杰（2016/03/31）1 股 100 元，小居民變大股東，「仕安米」成金雞母。聯合報。

12. 同前引 8，頁 19。

13. 社企流（2018/12/27）嘉南平原上的烏托邦。https://www.seinsights.asia/article/5952（檢索日期：2023/08/30）。

14. 林民昌（2020/04/17）友善耕作 串起人與土地情感。遠見雜誌。

15. 同前引 9，頁 87。

16. 同前引 14。

17. 同前引 14。

18. 余佩樺（2017/01/19）後壁「仕安米」罩老中幼三代 一起合作找幸福。天下雜誌。

19. 同前引 13。

20. 同前引 13。

21. 同前引 14。

22. 同前引 18。

23. 同前引 18。

24. 吳震威（2017/11/30）臺南仕安社區合作社─振興農村活躍老化（下）。社區力點線面。https://ms-community.azurewebsites.net/structure_shihan2/（檢索日期：2023/08/30）。

25. 朱安棋（2015/12）米漢堡與仕安米的社間合作。綠主張，第 147 期。

26. 同前引 9，頁 95。

27. 同前引 24。

28. 同前引 18。

29. 同前引 13。

30. 農村再生歷程整合發展平臺。南埔社區。https://ep.swcb.gov.tw/EP/Comm?CM_ID=CM2011101811311003&CM_ISRGVERIFY=1（檢索日期：2023/08/20）。

31. 陳權欣（2009/07/17）打造黃金水鄉 南埔村齊心力。中國時報。

32. 官武德（2013）客家地區農村年輕力量之研究──以新竹縣北埔鄉南埔村為例，頁 4。國立交通大學客家文化學院客家社會與文化學程碩士論文。

33. 劉怡馨（2018/04/27）全村休耕一年，共同修復水圳！南埔社區老農長輩組團隊，勇奪農村金牌。上下游新聞。https://www.newsmarket.com.tw/blog/108809/（檢索日期：2023/08/19）。

34. 同前引 31。

35. 客家文化資產數位網。南浦圳。https://hch.hakka.gov.tw/archive.asp?MType=2（檢索日期：2023/08/20）。

36. 農委會水保局臺北分局（2012）再現黃金水鄉南埔村～水保局臺北分局農村營造課。農政與農情，236 期。https://www.moa.gov.tw/ws.php?id=2445094（檢索日期：2023/08/19）。

37. 同前引 33。

38. 同前引 36。

39. 同前引 33。

40. 同前引 33。

41. 同前引 36。

42. 同前引 33。

43. 同前引 33。

44. 同前引 33。

45. 鄧沛雯（2011/04）南埔村的百年好景─黃金水鄉重生記。臺灣光華雜誌。https://www.taiwan-panorama.com/Articles/Details?Guid=a8584174-4d51-4306-a58e-6d42460647b0&CatId=7&postname=南埔村的百年好景-──黃金水鄉 %20 重生記（檢索日期：2023/08/21）。

46. 同前引 36。

47. 遠見雜誌整合傳播部企劃製作（2019/07/25）共榮社區打造友善耕作品牌，南埔社區加入地方創生計畫。遠見。https://www.gvm.com.tw/article/67403（檢索日期：2023/08/21）。

48. 嘉義縣東石鄉塭仔社區發展協會（2016/01/18）嘉義縣東石鄉塭仔社區農村再生計畫，頁 17。

49. 農村再生歷程整合發展平臺。塭仔社區。https://ep.swcb.gov.tw/EP/default.html#/Comm?CM_ID=CM2011101817254103&CM_ISRGVERIFY=1（檢索日期：2023/09/10）。

50. 莊曉萍（2021/01/31）順應環境的斜槓鄉村生活──嘉義東石的友善連結與在地創新。上下游新聞。https://www.newsmarket.com.tw/blog/144863/（檢索日期：2023/09/10）。

51. 塭仔社區田野資料（2019/11/06）文化部臺灣社區通。https://communitytaiwan.moc.gov.tw/CommunityBuild/ProgressReportDetail/7387592e-fc3b-45a8-848d-7e8531a6d953?areaType=-1#detail_contect（檢索日期：2023/09/10）。

52. 同前引 48，頁 51。

53. 同前引 48，頁 20。

54. 黃煌權（2010/09/06）青蚵仔嫂變年輕　攏是外配啦！。聯合報。

55. 林民昌（2020/09/23）全臺最老嘉義縣的塭仔社區，她如何引人回「嘉」？。城市學。https://city.gvm.com.tw/article/74741（檢索日期：2023/09/10）。

56. 黃嘉琳訪問（2021/12/13）。塭仔社區：一場二十年的青春美夢。食農 Plus。https://agrifoodplus.foodiedu.org/podcast/91（檢索日期：2023/09/10）。

57. 同前引 55。

58. 同前引 56。

59. 陳建宇（2020/04/26）當臺灣鯛遇見外國媳婦。ETtoday 房產雲。https://house.ettoday.net/news/1699752（檢索日期：2023/09/10）。

60. 吳淑芳（2020/10/28）社區調適交流會─會議紀錄。農業發展基金會。

61. 同前引 56。

62. 王婉育（2021/09/12）在嘉義東石的魚塭邊做一場 20 年的青春美夢。大享食育協會。https://www.foodiedu.org/news/1122（檢索日期：2023/09/10）。

63. 同前引 49。

64. 同前引 49。

65. 黃德秀、劉弈廷、林庭安（2018）農村創生　欣欣向榮。行政院農業委員會水土保持局。

66. 同前引 55。

67. 同前引 48，頁 53。

68. 微笑臺灣編輯室（2019/10/22）樂當東石一日漁夫，想吃什麼自己釣！。微笑臺灣。https://smiletaiwan.cw.com.tw/article/2482（檢索日期：2023/09/10）。

69. 財團法人農業科技研究院農業政策研究中心（2021/03/27）嘉義農村再生靠這帖　復興「放伴」精神讓社區找到伴。農傳媒。https://www.agriharvest.tw/archives/56619（檢索日期：2023/09/10）。

70. 同前引 69。

71. 張誼（2020/07/16）臺企銀贊助嘉縣鄉村永續發展協會「銀髮樂齡學堂」落成揭牌。中華日報。

72. 同前引 56。

73. 農村再生歷程平臺：https://ep.ardswc.gov.tw/ep/#/。

參

# 農村發展的新挑戰

# 一、農村新議題

農業從業人員面臨著日益嚴酷的氣候考驗。
攝影／謝登元

　　隨著全球產業經濟與自然環境變遷的長期影響，農村也面對許多新挑戰。包括已開發國家伴隨都市化發展而越趨少子化，連帶影響農村人口減少與高齡化；氣候變遷問題持續惡化，造成各地氣溫與水文環境改變，衝擊農業生產和農村生活條件；能源轉型對於再生能源的需求，促使農漁業用地成為興設光電與風機的重要場址，但也引發用地衝突問題；以及在國土規劃的趨勢下，農村需要有更周全且具靈活的土地使用規劃與管理辦法。

　　農村的人口問題，來自產業結構由農轉工後，伴隨著都會區的擴大發展，不斷吸引農村的勞動力人口外流。青壯人口持續流失，造成農村人口結構逐漸變成高齡化與少子化，其結果不只影響農村勞動力與農家生計的存續，同時也因日常消費規模縮減而造成民生服務業收入不足，使農村生活機能服務更形衰退。該以何種策略提振農村發展的生計機會與生活條件，引領農村邁向未來的創新轉型，是農業與農村發展政策的重要挑戰。

蔣坤龍成立的鑫臺貿易有限公司，從事農、
魚貿易進出口，以及種魚研發。

資料來源 / 豐年社
圖片來源 / 吳明宗

靠天吃飯的農業，氣候變遷問題是最大的隱憂。
極端高溫和強降雨，造成農田果樹嚴重受損。

圖片提供 / 黃仁志

布袋鹽田的光電區最後經由招商、土地變更等行程程序，於 2018 年底開始施工，至目前基樁及光電板已陸續架設完成並商轉。
圖片提供／豐年社
攝影／生物多樣性研究所黃書彥

　　氣候變遷對於農業與農村發展的影響，不亞於人口流失的衝擊。農業與農村是人類生活體系中最接近自然環境條件的聚落，因而農業與農村的發展也最容易受到氣候環境變遷的影響。氣候變遷帶來的衝擊，在於改變生態系統的運作模式，從而影響各種動植物的生存條件。氣候變遷對生態環境的改變，不只影響農糧生產、農村基礎設施的佈建與維護，更可能因暴雨引發區域性的洪災、因高溫強化熱島效應和地表沙漠化，以及引發新的疾病和公共衛生問題（如增加傳染源、減少潔淨水供給），使因應氣候變遷所需的集體調適策略更顯重要。

　　由氣候變遷衍生的另一個關鍵課題，就是再生能源與淨零排碳的轉型需求，但同時也引發農地使用衝突的爭議。為了減緩能源生產與使用過程產生的環境與氣候傷害，低碳排的再生能源，諸如光電、風電、地熱等，成為許多國家的施政重點，並希望結合分散式能源的概念，建構區域性自給自足的能源供應體系。而能夠獲取廣闊光照和風流的農地，成為搭建再生能源設備的重要場域。然而，興設能源設施也影響農作獲取光照的空間，以及飛禽能夠往返的途徑，因而引發農地農用與生態保育的爭議。

　　合理的農地利用方式，是應對農村人口問題、氣候變遷調適，以及再生能源設置規劃的共同基礎。2016 年 5 月開始施行的《國土計畫法》，提出以「鄉村地區整體規劃」的方式，策劃能夠因應未來農村發展需求的土地使用規劃。但其規劃模式如何有別於都市計畫，顯現農村生產、生活、生態的特質，進行周全而靈活的土地使用管理模式，也是未來農村發展必須面對的挑戰。

　　對農村來說，在人口結構與氣候環境變遷的牽動下，農村已不再只是農業生產的基地。除了提升農業生產價值外，農村更需要積極回應人口流失與極端氣候帶來的挑戰，未來的農村應該是什麼樣子？有心致力於農村發展的工作者又可以採取哪些行動策略？都需要我們持續努力「思考農村的未來性、探索農村的可能性」。

# 二、農村的人口流失與高齡照護問題

## （一）臺灣農村人口問題趨勢

在農工結構轉換之後，隨著貿易自由化和農地釋出等政策，仰賴農業為主要生計的農村，面對越趨嚴峻的勞動力流失問題，同時也讓農村的人口結構出現少子化與高齡化現象。根據章英華的研究分析，從 1961 年到 1991 年臺灣人口將近倍增的 30 年間，總人口成長約 940 萬人，而同時期在 5 萬人以上市鎮的人口成長量約為 1,094 萬人，顯然人口成長主要發生於市鎮地區，且又有額外移往市鎮的遷移人口，反映出農村人口的流失。[※1] 另外，根據調查，1985 年農村高齡人口已佔全農戶人口之 6.96%，65 歲以上的農場經營者佔 14.3%；1999 年時，農村高齡人口佔比增為 14.0%，在農場經營者中的佔比已達 32.5%。而近期中央研究院的調查，2015 年 65 歲以上的農場經營者比例更高達 45.96%，顯示農村勞動力人口流失與高齡化現象日趨嚴重。

### 1980 年代後農場經營者年齡結構變化

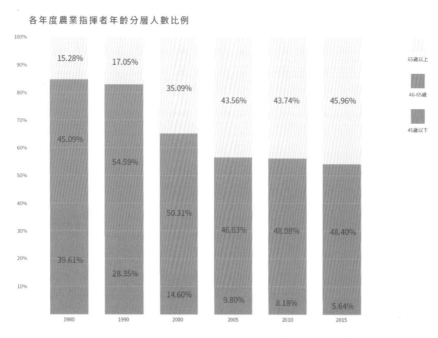

各年度農業指揮者年齡分層人數比例

資料來源：中央研究院臺灣農村數位博物館網站，https://rural.openmuseum.tw/rural_stats

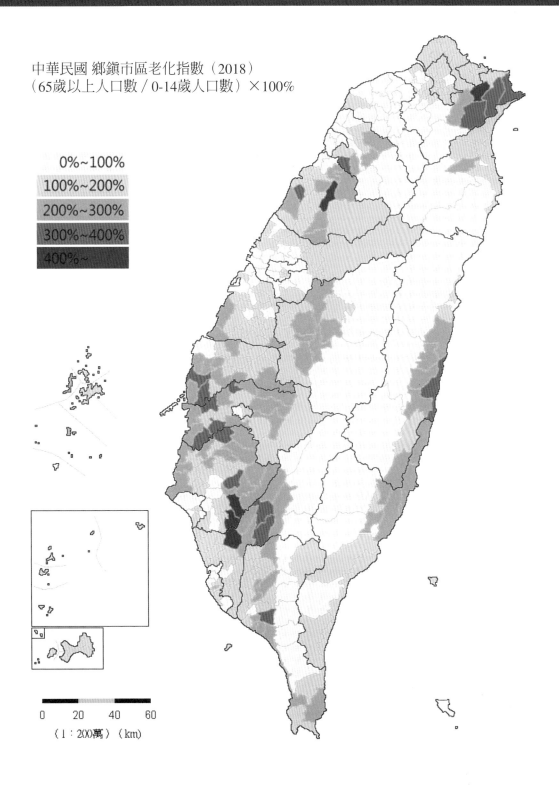

中華民國 鄉鎮市區老化指數（2018）
（65歲以上人口數／0-14歲人口數）×100%

0%~100%
100%~200%
200%~300%
300%~400%
400%~

0　20　40　60

（1：200萬）（km）

宗教活動是農村社會文化
的重要元素，但隨著年輕
世代外流，農村的宗教活
動也越來越少人參與。
圖片提供／黃仁志

　　農村青壯勞動力比例減少，不僅意味著個別勞動力必須同時承擔更多的家戶生計和照護工作，也減少能參與地方宗教文化與公共事務的人力，更因為適婚人口縮減而影響婚配機會和子女生育。原先必須仰賴勞力密集的農業與非農業經濟活動，因此面臨越趨嚴峻的「缺工」問題，甚至使農村民生經濟消費不足，陷入難以累積在地發展資本的惡性循環中，迫使農村青壯勞動力持續外移。如何留住農村中的青壯勞動力，並吸引人口移居農村，高齡化與少子化，顯然逐漸成為臺灣農村的共通問題。

　　從臺灣各鄉鎮市區人口統計變化來看，除了六都中的主要行政區外，多數鄉鎮都處於人口流失的趨勢中，而其變遷又可分為兩大類型。其一是與臺灣總體人口結構變化大致相近的鄉鎮市區，主要特質是 40 歲至 64 歲的中壯年人口佔比最大，但少子化的情形也相當明顯。其中，以漢人農村為主的鄉鎮，諸如苗栗的卓蘭鎮、南投的國姓鄉，以及雲林的口湖鄉、林內鄉、臺西鄉等，35 歲以下的人口大幅減少，而 0-9 歲的人口更是劇烈驟減。未來這類型地區必須面對的，是如何為高齡化人口提供在地陪伴與照護服務，以及如何在勞動人口佔比較低的情況下，重新建構產業生計機會。另一類是社會經濟條件較弱的偏鄉，因聯外交通不便、地方公共建設不足，造成發展上的相對孤立與貧弱。例如彰化大城鄉、南投中寮鄉、雲林的四湖鄉與東勢鄉、嘉義六腳鄉、臺南的學甲區與南化區、高雄田寮區，以及屏東竹田鄉等。從人口結構現象和偏鄉社會經濟狀況可以推測，地方的生計與生活條件不利於青壯年人口留居生存，而缺乏在地文教與醫護服務機能，可能使人口留居更為不易。

## 嘉義縣六腳鄉人口結構（2018 年）

### 六腳鄉人口金字塔圖

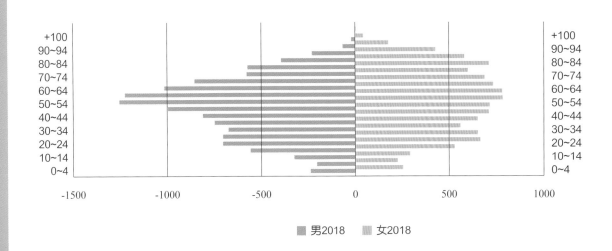

## 雲林縣東勢鄉人口結構（2018 年）

### 東勢鄉人口金字塔圖

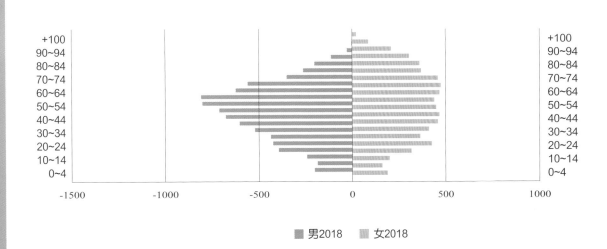

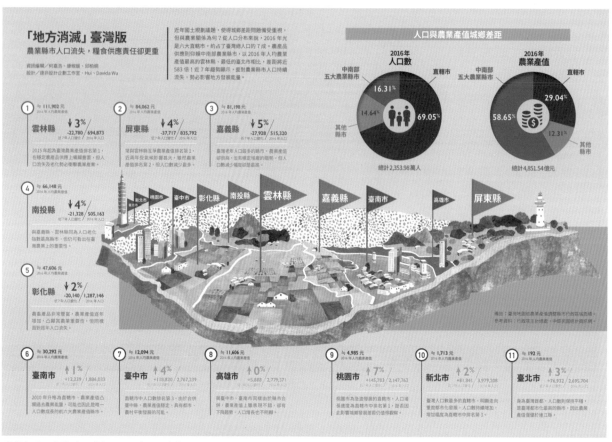

資料來源：農傳媒，豐年 2018 年 01 月號，https://www.agriharvest.tw/archives/30438

因此，晚近農村人口流失的問題癥結點，在於地方缺乏持續升學和合適的就業機會，促使人口外流至大都市尋求生涯發展。除此之外，地方生活機能不便、文教醫療服務水準不足、產業生態系式微等因素，也都是造成不易留住人口的原因。更重要的是，面對人口外流的問題，農村卻缺乏相應接納和吸引人口流入的體系，造成有意願返鄉發展者難以落地、無法以其創新想法和外部資源開拓新的發展契機，不易為農村增加移居人口。如何為農村建構吸引人口移居的機制，並兼顧農村高齡人口的生活照護需求，進而強化農村的自我發展動能，成

為未來農村發展必須面對的新課題。

農村的田園風光，常被視為是退休者發展退休安養生活的好選項，卻也是青壯人口認為發展受限的環境。但退休者帶著累積的資本移居農村，往往也因此墊高農地與農舍價格；卻又因日常生活習慣或醫療照護機能不足等因素，不一定能夠長期安居在農村。這些現象不僅降低農村的日常人流、提高空屋率，同時又造成有意移居農村發展農業的潛在移居者，因為無法負擔農地租用或購買價格，削弱移居農村的意願。其次，人口嚴重流失的農村，亦多僅仰

退休者帶著累積的資本移居農村，往往也因此墊高農地與農舍價格。
資料來源／豐年社
攝影／謝佩穎

賴既有的農林漁牧業作為主要產業；而地方一級產業鏈的運作體系，包括農會、漁會、產銷班等組織，以及資材供應、物流銷售、勞力聘僱等運作模式，也不見得能與移居務農者的做法和想法相互接合，從而造成地方產業發展策略的潛在衝突。降低移居農村的門檻、拓展農村產業活動的可能性、創造農村生活的多元樣貌，是農村發展政策必須精進之處。

2009 年斗南農會成立的「肉牛產銷班」。
資料來源／豐年社
攝影／謝佩穎

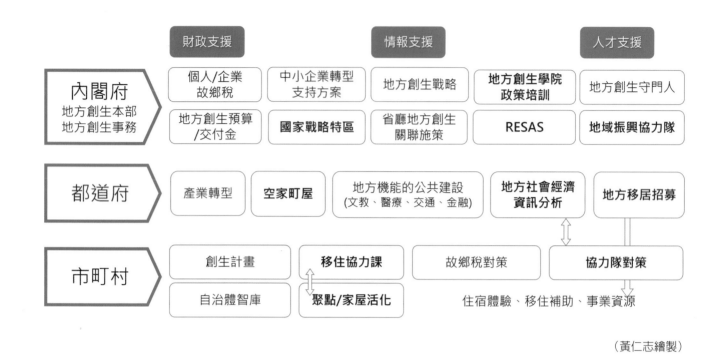

| | 財政支援 | | 情報支援 | | 人才支援 | |
|---|---|---|---|---|---|---|
| **內閣府**<br>地方創生本部<br>地方創生事務 | 個人/企業<br>故鄉稅 | 中小企業轉型<br>支持方案 | 地方創生戰略 | **地方創生學院<br>政策培訓** | 地方創生守門人 | |
| | 地方創生預算<br>/交付金 | **國家戰略特區** | 省廳地方創生<br>關聯施策 | RESAS | 地域振興協力隊 | |
| **都道府** | 產業轉型 | **空家町屋** | 地方機能的公共建設<br>(文教、醫療、交通、金融) | **地方社會經濟<br>資訊分析** | 地方移居招募 | |
| **市町村** | 創生計畫 | **移住協力課** | 故鄉稅對策 | **協力隊對策** | | |
| | 自治體智庫 | **聚點/家屋活化** | 住宿體驗、移住補助、事業資源 | | | |

（黃仁志繪製）

## （二）日本地方創生與歐盟 LEADER 計畫

以日本為例，人口流失與老化問題，是日本農漁村普遍面臨的挑戰。2015 年開始推動的「城鎮、人、工作創生」（まち・ひと・しごと創生，簡稱「地方創生」），即是著眼於日本許多農山漁村所面對的「地方消滅」問題，希望透過從中央到地方市町村的通力合作，翻轉人口持續流入大都會的趨勢，帶動人口移居農山漁村。為了達成此一目標，「地方創生」政策，除了各層級政府所制定的策略計畫、中央提供的地方創生交付金（補助費）外，也結合原有的農村振興發展策略，並提出其他許多支持人口移居農村的協力機制。諸如提供移居者諮詢合適去處的「故鄉移居中心」、為市町村拓展財源和知名度的「故鄉稅」、改善與活化閒置空間的「空家町屋」（空屋銀行）、讓地方創生工作者提升技能的「地方創生學院」、沿用既有制度為地方破除行動限制的「國家戰略特區」，以及支持專業人才移居農村協助在地工作的「地域創生協力隊」等。

日本料理中的妻物裝飾，成為上勝町的重要事業。 圖片提供 / 黃仁志

　　為了吸引人口回流農村，地方市町村公所和在地協會、企業，亦積極善用前述各項資源，擘劃有利於吸引人口移居的措施。例如有創業聖地之稱的西粟倉村，雖然人口僅有 1,400 餘人，卻透過百年森林和活化廢校的構想，吸引許多都市工作者前往創業，為西粟倉村拓展多元的對外事業。以綠色矽谷聞名的神山村，歷經藝術家駐村、搭建高速網路和活化在地閒置屋舍等歷程，成為許多科技企業前往設置分公司或辦公室的地方，不僅提升在地消費循環能力，同時也有越來越多的年輕世代聚居於此，甚至開始有了在地的七夕情人媒合活動。高齡化人口眾多的上勝町，不僅讓在地高齡者共同參與「妻物」（高級料理旁的裝飾植物）事業，更發展出零廢棄循環和啤酒釀造事業，鞏固在地跨世代居民共同生活的條件。

　　在歐盟，自 1991 年開始推動的「創造鄉村經濟行動之間的連結」（Liaison Entre Actions de Développement de l'Economie Rurale，簡稱 LEADER 計畫），是整個歐盟從農業保護轉向鄉村區域發展的重要轉折點。LEADER 計畫強調以串連在地多個行動者合作的地方行動小組，積極挖掘在地資源的特殊價值和新發展策略，並能夠善用跨區域的連結關係，拓展鄉村的發展機會。例如愛爾蘭的發展遲緩地區西科克區（West Cork），即以其出色的峽灣風景為基礎，串

# LEADER

| | | |
|---|---|---|
| **1** 一個歐洲 | 歐洲為整體 European as a whole | 結構與投資基金 (ESIF) |
| | 全球化下的鄉村經濟策略 | |

**2** 二項政策

| 共同農業政策 (CAP) | 區域均衡政策 (Cohesion Policy) | 區域發展基金 (ERDF) | 農業與農村基金 (EAFRD) |
|---|---|---|---|
| 25%經費用於LEADER | 區域發展四箭之一 | 執委會 成員國 | |

**3** 三種方法

| LEADER區域 (LAG region) | 地方行動聯盟 (LAG) | 地方發展策略 (LDS) | LEADER 補助計畫 |
|---|---|---|---|
| 77%土地涵蓋 | 2402個 | 10萬種策略 | 9萬個計畫 |

資料來源：吳泊樹繪製。

連社區協會、中央體育與旅遊署，以及地方政府合作，共組「步道管理協會」（Local walking management committee），發展「步道觀光」（Walk way Scheme）。藉由相互串連合作的遊程安排，帶動在地許多觀光旅宿和相關服務業。

比利時的橫跨三個行政區的「四軍之地」（pays des 4 Bras）計畫，則是以「藥草學」為核心，結合文化景點、草藥商品等，發展以藥用植物為主的創新計畫。不僅為鄰近的小型藥草生產者提供穩定供貨的機會，也讓以藥草學知識為基礎的修道院成為觀光勝地，並將古老的藥草知識傳承結合現代化的科學知識，帶動在地的藥草產業。這些創新發展計畫，為在地青年拓展許多發揮創意和自主創業的機會，並結合地方認同、文化養成、就業輔導所設計的一系列方案，為青年提供接觸地方知識、培養以在地元素創新創業的協力措施。

奇美部落舉辦草藥營體驗，展現部落老人家的傳統智慧。
資料來源 / 豐年社
圖片提供 / 奇美部落

2015 年米蘭世界博覽會以食育為主題，展出各國糧食地景和農業特色。
圖片提供 / 黃仁志

日本與歐盟的經驗反映出，當代的農村發展策略，雖然仍以在地元素爲基礎，但必須要有創新的視野和策略，爲農村開拓多元的發展機會和可能性。要達成此一目標，公部門政策計畫的支持，以及民間部門有意識地採取創新行動，兩者缺一不可。培養農村在地面對未來的創造力和行動力，拓展地方發展的面向和機會，才能夠眞正吸引並留住農村的青壯世代。

臺中農改場栽培不同薄荷品種，研發香草及保健作物的多元機能。
資料來源／豐年社
攝影／黃毛

## （三）臺灣的農村創生與綠色照護策略

臺灣農村的人口流失與高齡化問題，需要兼顧吸引青壯人口移居農村，和發展農村高齡照護體系的策略。過去在農委會期間，很早就關注培植青農、鼓勵農村青年返鄉的議題。在農村再生體系內，也有青年返鄉的相關計畫在持續推動，諸如「青年回鄉築夢計畫」、「青年回留農村創新研究計畫」等，並陸續支持許多青年團隊落地生根，在農村裡開創農村創新事業。

地方創生政策推動之後，打造農村作爲都市青壯年移居生活之地的行動與倡議，逐漸超出既有的農政部門體系，獲得更多部門的重視與認同。地方創生政策的核心，在於動員地方公所、企業、協會等各類型的行動者，改善在地的產業經濟、基礎設施和文教照護機能，強化地方自主發展的能力。2020 年提出「加速推動地方創生計畫」，又特別強調「建置支持青年留鄉或返鄉相關軟硬體」和「強化城鎮機能及環境整備等地方基礎建設」等工作，希望以此增添協助青年返鄉和完善地方生活機能所需的資源。

配合國發會所提出的「地方創生」，農委會（現爲農業部）除持續結合農村再生計畫資源支持農村社區的創生工作提案外，自 2021 年起也透過「前瞻基礎建設計畫」中的「地方創生農山漁村發展建設」，以在地青年爲主體，強調青年扎根地方，共同努力改善農村發展體質。具體工作包括：聚焦於農村社區產業扎根及區域整合、推動跨域整合相關單位政策及計畫資源投入、協助青年投入研發解決農村問題的創新方案等。簡言之，未來的農村創生發展，一方面必須面對農村產業的轉型策略，使之得以促成更多元化的生計機會，藉

苗栗三灣鄉青年溫心榆，返鄉與偏鄉的大坪國小合作，共同打造山裡的藝術遊樂園，深受地方家長重視。 圖片提供 / 黃仁志

種黃豆、推食農，年輕世代在北斗小鎮找尋農村工作與生活的價值。
資料來源 / 豐年社　攝影 / 吳尚鴻

臺東縣鹿野鄉移居者相互交流在地生活條件和移居經驗。
圖片提供 / 黃仁志

頂長社區綠色照顧有成，臺日跨海交流活動合影。
資料來源／豐年社　圖片提供／農業部農村水保署

2020年起，農委會擴大輔導全臺31家農漁會
成立「綠色照顧示範站」，歷年來高齡輔導工
作深受好評的彰化縣和美鎮農會，也名列其中。
資料來源／豐年社　攝影／王士豪

此支持更多的人口在農村重新落地生根，共同
拓展農村的活力。另一方面則是必須積極面對
偏鄉地區文教醫療等公共服務不足的問題，提
升生活環境品質和住居條件，使之成為安居樂
業之地。

農村高齡化問題，反映的是農村長者缺乏合
適的陪伴照護，包括醫療健康照護與心理陪伴
需求等。因此，農委會除了發給「老年農民福
利津貼」（簡稱「老農津貼」）外，也著手辦
理「高齡者生活輔導工作」，設想在社區設置
在地福利服務據點。2001年起，開始規劃推動
「建構農村聚落居民生活照護支援體系計畫」，
嘗試建立以農村家戶為服務體系中心的社區化
安養照顧制度，以此支持農村實現「在地老化」
的需求。初期計畫的執行模式是輔導10個農會
設置10個農村社區生活支援中心（後更名為
「農會銀髮族服務示範中心」），結合照顧管
理中心、醫療保健機構、急難救助等單位，並
輔導農家成員經營社會照護產業，共同開創農
村社區家庭式居家照護產業，以此實現農村「健
康老化」之目標。2007年，結合當時推動的「健
康社區六星計畫」，將原計畫調整為「營造農
村健康生活及照護支援體系計畫」，其中便包
含高齡者生活改善、農村社區生活支援中心、
運用農村人力建構照顧服務系統等三大項與農
村高齡照護有關的工作。

自2020年起，農村高齡照護工作進一步結合
永續的理念，開始推動「綠色照顧示範計畫」，
輔導全國各農漁會成立綠色照顧站，以農業多
功能價值結合農村高齡照護需求，形塑永續的
高齡照護模式。累計至今（2023）年，農委會
已輔導全國113家農會及8家漁會，共計121
家農漁會以既有據點及空間，成立綠色照顧站
210班。除此之外，綠色照顧計畫同樣依循農村
再生精神，補助社區發展協會和非營利公益性
社會團體推動相關計畫。綠色照顧計畫包含綠
場域、綠療育、綠飲食、綠陪伴等四大類型。
除運用在地食材、設計適合長者牙口的菜色外，
也透過綠色照服員提供社區的關懷陪伴，並結
合園藝、栽種等的農業療育、改造生產和生活
場域的友善設計等工作，打造適合長者的生活
空間綠場域。

## 綠色照顧計畫推動架構

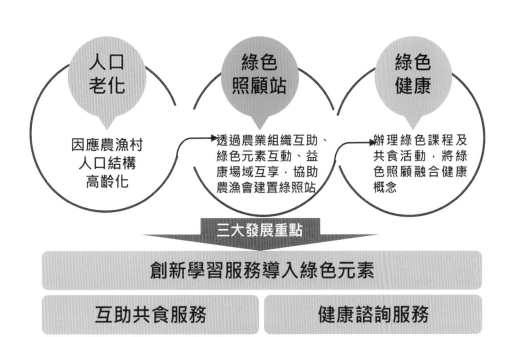

**人口老化**
因應農漁村人口結構高齡化

**綠色照顧站**
透過農業組織互助、綠色元素互動、益康場域互享，協助農漁會建置綠照站

**綠色健康**
辦理綠色課程及共食活動，將綠色照顧融合健康概念

**三大發展重點**

創新學習服務導入綠色元素

互助共食服務

健康諮詢服務

**四大類型計畫**

**綠陪伴**
完善關懷照顧體系，連結農村生產、生活；生態照顧網絡。

**綠療育**
在的農村綠照員帶領社區夥伴，規劃操作高齡者農業療育益健康活動，促進高齡者舒壓及放鬆。

綠場域　　綠場域
綠色照顧
綠陪伴　　綠飲食
綠療育

**綠場域**
運用農村社區空間，改善綠色照顧環境以提升高齡者身心健康。

**綠飲食**
設置農產品推廣據點，辦理食農教育課程及體驗活動。

資料來源：綠色照顧數位專輯網站。https://event.cw.com.tw/greencare/

# 三、氣候變遷下的農業 與農村發展調適

## （一）氣候變遷的影響與衝擊

　　人類社會持續不斷地擷取自然資源、過度使用能源，以及排放各類對生態有害物質，在 1990 年代累積成為越趨嚴重的環境破壞問題，其中又以導致氣候變遷的問題最為嚴重。氣候變遷會反映在氣溫上升、降雨型態與分布的改變、海平面上升、紫外線增加、二氧化碳濃度增加、水質改變等，並因此增加極端氣候的頻率與嚴重性。這些影響同時也改變生態系統的運作模式，從而衝擊各種動植物的生存條件。

　　對農業與農村來說，氣候變遷的影響包含生產面和生活面。在生產面向，農林漁牧產業是氣候變遷中最容易受到衝擊的敏感產業。溫室氣體增加，改變作物原有的生長環境，不只縮短熱帶地區的作物生長週期、延長高緯度地區作物的生長時間，更使中緯度溫熱帶地區的氣溫變化難以掌握。處於海洋周邊的農漁業生產區域，同樣也因洋流暖化、熱帶暴風雨、海平面上升與海岸線退縮等因素，造成仰賴農漁業的生產條件更加不穩定。過去農民看節氣、遵照習慣的耕種技術，可以掌握種植與收成的時機；養殖漁戶也多憑藉過往經驗隨時進行魚塭的控管與調整。如今氣候狀況不再規律，氣溫上升後，增加作物病菌和蟲、草的生長機會，農林產業工作者也必須面對新型態的病蟲害防治、抗／耐熱品種研發，和田間管

全球暖化加劇蟲害，褐飛蝨屬於刺吸式昆蟲，利用口器插入稻稈，吸取稻株養液。

資料來源／豐年社
圖片提供／農業試驗所

植株在風雨後易發展病害，例如冬瓜水傷實為疫病、炭疽病複合感染。

資料來源／豐年社
攝影／鄧汀欽

理工作。農漁業生產過程變數增加，不僅田間工作的判斷與決策更加困難，農漁民的經營管理成本也提高。[2]

　　例如從 2020 年到 2021 年 5 月，臺灣遭逢百年大旱，對農業部門造成嚴重損害，衝擊個別農民的生產管理，以及農業灌溉用水來源及調度，甚至田間的病蟲害也都因此變得更為嚴重。然而，2021 年 5 月底進入汛期後，連續幾波豪大雨卻又帶來嚴重的水災，影響國內蔬果生產，並對市場供需和價格穩定造成相當大的挑戰。極端乾旱緊接著超大豪雨，氣候異常讓農產業遭受打擊，最終受害的就是廣大的農民和消費者。除此之外，農村中的其他產業，如加工製造、觀光旅遊等，也會受到氣候影響。例如高溫炎熱使得工廠需要更多冷卻降溫設備、食品保存須避免過熱變質；農村觀光旅遊活動面臨天氣太熱，或是突然發生大雨等狀況，可能減少遊客前往意願，在旅遊服務上也需要更多準備措施。

　　在生活面向上，高溫酷暑和極端驟雨等現象，造成農村生活不適與洪泛頻仍，不只讓農村荒地成為許多病媒害蟲的聚集地，也讓農村居民減少日常交流和聚會活動，更使許多公共設施或農用設施因而脆弱易損。例如瞬間強降雨不只讓農田魚塭排水難以及時宣洩，也增加坡地土石流發生機率，甚至讓水庫泥沙濁度增加，留不住可用的乾淨水。而原就屬於高脆弱度的高風險族群，如獨居、失能、無法自立生活、缺乏經濟收入、生活在災害潛勢區等，因為應對生活驟變的能力較為不足，在極端氣候造成環境危害時，例如停電、淹水、寒流、酷熱等，都可能危及弱勢族群之生活安全。此外，極端溫度和洪水等緊急災害事件，也容易因為應對變故的壓力而引發心臟病、中風、熱衰竭等病狀，甚至加重原本就有慢性病、心理疾病之患者的病情。因此，農村生活的氣候調適，必須兼顧設施維護、災害預警和照護活動模式調整等策略。

2020 年 10 月 21 日農委會主委
陳吉仲出席「2020 因應氣候變
遷之韌性農業研討會」致詞。
資料來源／豐年社
圖片提供／農業試驗所

## （二）農政部門的對策：從氣候變遷調適到淨零排碳

因應氣候變遷對生態環境、經濟產業帶來的衝擊，我國在過往推動環保永續的基礎上，自 2010 年開始進一步建立「氣候變遷調適」推動機制，由各部會依照其業務職責，針對不同領域制訂相關行動方案，並由行政院成立的「氣候變遷專案小組」，針對各部會所負責的氣候變遷議題，召開調適對策會議。為了回應農政部門的氣候變遷調適需求，農委會也自 2010 年陸續推動相關工作，包括舉辦多場專家座談會與研討會，並委由專業團隊推動相關研究與示範計畫，分析農地與農業在氣候變遷下的風險暴露與衝擊風險。此外，結合農地資源空間規劃和農業生態保育工作，也希望透過農地脆弱度評估、情境模擬和生態衝擊調適等方式，掌握農地環境未來可能的變化趨勢，提供制定農產業永續發展策略之依據。

例如林務局推動的「梯田暨濕地生態系統復育及保育計畫」，主要內容係「選擇可兼顧生產、生活及生態的水梯田或濕地作為示範區，以保存現有之珍貴水梯田與埤圳生態環境，引導農民採取生態友善耕作或有機農業方式生產、種植具文化與休閒市場價值之傳統作物，以永續利用的方式來管理土地和自然資源，兼顧生物多樣性維護與資源永續利用」[3]。初期選定新北市貢寮區水梯田（委託財團法人生態工法基金會協助進行）、金山區八煙聚落（委

託財團法人人禾環境倫理發展基金會協助進行）、花蓮縣豐濱鄉石梯坪（委託港口部落協助進行）三處作為示範案例，以及委託財團法人觀樹教育基金會在雲林縣湖口鄉執行「成龍溼地社區學習參與計畫」。該計畫自初始即引入日本的「里山」概念，推動模式也逐漸與「里山倡議」相銜接，並延展到「里海」保育的範疇，成為以回應氣候變遷、推動生態保育為主的農村發展策略代表。

氣候變遷調適行動計畫與方案，是我國推動氣候變遷調適政策的最高政策。2013 年開始執行的「國家氣候變遷調適行動計畫（102~106 年）」，在 2018 年接續推動「國家氣候變遷調適行動方案（107~111 年）」。方案劃定八個關鍵調適領域，包括：能力建構、維生基礎設施、水資源、土地利用、海岸及海洋、能源供給及產業、農業生產及生物多樣性、健康。其中，與農業部門緊密相關的「農業生產與生物多樣性」，由農委會對應提出：維護農業生產資源與環境、發展氣候智慧農業科技、強化產銷預警調節機制、建構災害預警及應變體系、強化農業災害救助與保險體系、維護生物多樣性等六個目標（參見表 3-1）。這些政策目標，也經由農村再生推動落實到社區之中。

例如桃園觀音區樹林里在社區水路匯集的易淹水地段，以廢耕農地興闢生態滯洪池，平時可以蓄水以備旱時所需，同時也以此發展新的社區產業。樹林里利用滯洪池發展觀音區原本

貢寮區水梯田。
資料來源／豐年社
圖片來源／AVEDA

金山區八煙聚落。
資料來源／豐年社
圖片提供／八煙聚落

豐濱鄉石梯坪。
資料來源／豐年社
圖片提供／行政院農業委員會林務局
（農業部林業署）

表 3-1、「農業生產與生物多樣性領域」之優先計畫項目

| 目標 | 調適計畫 |
|---|---|
| 維護農業生產資源與環境，穩固韌性農業基石 | 氣候變遷下農地資源空間規劃之農地調適策略計畫 |
| | 發展健康永續的有機產業 |
| | 農田水利設施更新改善、推廣省水管路灌溉、補助農田水利會加強灌溉水質管理計畫 |
| 發展氣候智慧農業科技，提升產業抗逆境量能 | 種原保存計畫：保育農林植物種原、評估種原特性並選拔育種、建置種原資料庫 |
| 調整農業經營模式並強化產銷預警調節機制，穩定農產供應 | 設施型農業計畫：輔導建置溫網室設施、優先補助夏季蔬果及果樹生產設施、推動友善耕作及追溯制度等 |
| | 建立農產品產銷預警機制 |
| 建構災害預警及應變體系，降低氣候風險與農業損害 | 農業氣象之觀測及資源整合：建立作物災害預警及農損通報系統 |
| 強化農業災害救助與保險體系，提高風險管理能力 | 擴大保險涵蓋範圍，推動農業保險法 |
| 定期監測與加強管理保護區域，維護生物多樣性 | 建構生物多樣性監測與資料庫系統，定期監測與評估成效，強化分析利用 |
| | 海洋生物多樣性調查與資料庫建立 |
| | 全國水環境改善計畫 |

資料來源：本計畫整理自國家氣候變遷調適行動方案（107-111 年）。

就頗負盛名的蓮花產業，池邊的瓜棚廊道兼具遮蔭避暑和種植絲瓜的功能，同時也規劃開展漁撈體驗活動。採收下來的蓮子，不僅可以直接販售，磨碎的蓮葉也與麵粉混合製成「荷葉麵」，或是加入甜菊、香草等製成「荷葉清爽茶」，成為社區的特色伴手禮。位於雲林南邊靠海的口湖鄉成龍村，既是灌溉水源最末端，卻也是溪流引發洪泛水患的地方。林務局委託觀樹教育基金會協助，從濕地保育和環境教育，逐漸拓展到地方防災與調適策略，陸續發展出高腳屋防洪示範建築、不抽地下水的養殖，以及智慧觀測系統監控魚塭狀況等方案。

除了社區行動成果之外，調適計畫亦陸續顯現在相關政策推動上。例如因應《農業保險法》在 2020 年通過，成立「財團法人農業保險基金」，建立農業保險機制、共同分攤農民風險，降低農民因天然災害所承受的農業經濟損失。目前已促使國內保險業者開發約 20 餘項商業型農業保險，包括實損實賠型（梨、香蕉植株及農業設施）、政府災助連結型（梨及芒果）、收入保障型（釋迦、香蕉、高粱及水稻）、區域收穫型（水稻、芒果及鳳梨）及氣象指數型（梨、蓮霧、木

圖為藝術家、居民在成龍濕地協力創作作品《微妙的平衡》立方體的過程。農委會
林務局（農業部林業署）從 2009 年起與觀樹基金會合作推展「成龍濕地社區學習參
與計畫」，帶領成龍居民及成龍國小師生進行濕地教育活動，藉此凝聚三代情誼，
自 2010 年起開始舉辦的成龍溼地國際藝術節，也成了雲林縣重要的特色活動。
資料來源／豐年社　　圖片提供／行政院農業委員會林務局（農業部林業署）

2021.11.03 農委會氣候變遷調適及淨零排放專案辦公室啟動「農業淨零排放系列座談會」，共計 27 場。
資料來源／豐年社　攝影／陳儷方

## 表 3-2、農業淨零排放策略四大主軸

| 主軸 | 具體措施 |
|---|---|
| 減量 | 1. 全面建立農業生產碳排資訊<br>2. 建立低碳農糧生產模式<br>3. 建立低碳畜禽生產模式<br>4. 建立低碳漁業生產模式<br>5. 強化減量相關科技研發能量佈局中長程減量策略 |
| 增匯 | 1. 增加森林面積<br>2. 加強森林經營管理<br>3. 提高國產材利用<br>4. 強化土壤管理方式<br>5. 建構負碳農法<br>6. 強化海洋碳匯<br>7. 強化碳匯相關科技研發量能 |
| 循環 | 1. 農業剩餘資源材料化與加值再利用<br>2. 推動農業跨域循環示範場域<br>3. 推動農業循環技術科技研發 |
| 綠趨勢 | 1. 建構能源自主農漁村<br>2. 推動農業部門有效碳定價及碳權交易制度<br>3. 推動農業綠金融及綠色消費<br>4. 強化綠趨勢相關科技研發量能 |

資料來源：農業部「淨零永續韌性共榮」網站，
https://ccpo.moa.gov.tw/index.php

瓜、柚、甜柿、番石榴、荔枝、棗、柑橘、西瓜、紅豆及養蜂）等保單。而因應氣候變遷調適需求，也推動發展新興服務措施，諸如設置「臺灣氣候變遷推估資訊與調適知識平臺」、支持「推動設施型農業計畫」，以及開發「樂活氣象 APP－健康氣象服務」等。

另一方面，由氣候變遷所驅動的永續轉型工作，隨著總統宣示「2050 年淨零排放目標」及路徑規劃納入評估，也促使農政部門將淨零排放納入氣候變遷調適工作中。農委會進而在2021 年 9 月正式成立「氣候變遷調適及淨零排放專案辦公室」，負責推動農業固碳、為農家打造碳權體系、建立淨零示範場域等工作。2022 年 2 月，農委會辦理「邁向農業淨零排放策略大會」，針對「減量」、「增匯」、「循環」及「綠趨勢」等四大主軸議題，透過專家學者和團體代表的共同深度討論，提出重大策略及具體措施作為後續落實推動的依據（表 3-2）。

2023 年 8 月配合農委會改組，專案辦公室升格為農業部「資源永續利用司」，分設氣候治理科、永續發展科、農地規劃科，以 2040 年農業淨零為目標，全面啟動氣候變遷調適策略，保護農地及提升利用效率。

為降低農民減產損失，確保收入，2020 年開辦雜糧類作物農業保險第一張高粱收入保險保單。
資料來源／豐年社
圖片來源／農業部農糧署

# 四、興設再生能源的挑戰

## （一）開放農地設置綠能設施

氣候變遷調適的關鍵之一，在於「開源節流」。增加對環境友善能源開發、提高能源使用效率、減少能源浪費等，都是有助於減緩氣候變遷問題的重要方式。2009 年立法通過《再生能源發展條例》後，為擴展再生能源設施的設置場域，2011 年進一步修正《非都市土地使用管制規則》第 6 條之附表一的「各種使用地容許使用項目及許可使用細目表」，增訂「再生能源相關設施」為容許使用項目。另一方面，2009 年莫拉克颱風後，屏東縣政府亦與民間能源公司合作，提出於屏東縣林邊鄉、佳冬鄉等因災而致地層下陷區域進行「養水種電」計畫，以發電收入支付農漁民土地租金的模式，同時創造再生能源和農地收益增加的效果。[※4]

為配合國家的再生能源發展計畫、擴展再生能源設施的設置場域，農委會配合經濟部政策需求，開放農地設置再生能源設施，也開啓「農地綠能」的潮流。2013 年農委會提出修訂《申請農業用地作農業設施容許使用審查辦法》（簡稱「審查辦法」）第 3 條，放寬於特定農業區和一般農業區中的農業生產設施項目可以申請設置附屬的「綠能設施」，[※5]包括《再生能源發展條例》所定之太陽能、風力及非抽蓄式水力設施，允許在不影響農業經營之前提下，於農業設施屋頂或農地上設置。容許設置綠能設施的方式分為兩類：

農田水利署積極發展多元綠電，圖為臺東管理處關山圳小水力發電廠，設置容量為 1,000kW（瓩）。
資料來源／豐年社　　圖片來源／農業部農田水利署

極端氣候衝擊，建置「漁電共生養殖」成為政策發展重點之一。全臺目前已經有117場的屋頂型室內漁電共生案場。
資料來源／豐年社
圖片來源／林嫩鳳（鑫日光能源有限公司負責人）

（1）營農型綠能設施：應確實作農業使用，落實農地農用原則。營農型綠能設施又分為「農業設施屋頂附屬設置」和「非屋頂附屬設置綠能設施」兩大類。前者規定於屋頂設置綠能設施時，應依農業經營計畫內容確實作農業使用，且綠能設施不得影響農業設施內之動植物生長。但網室不得附屬設置綠能設施，而溫室及植物環控栽培建物，綠能設施不得超過屋頂面積40%。後者則是針對非於屋頂設置綠能設施類型，須位於直轄市、縣（市）主管機關所定推動農業經營結合綠能之專案計畫範圍內，且仍應與農業經營使用相結合。但設施總面積不得超過申請設施所坐落之農業用地土地面積40%。

（2）非營農型綠能設施：引導至受污染農地或嚴重地層下陷地區不利耕作地設置。符合特定區位及條件者，可以設置毋須與農業經營相結合之綠能設施。得申設區位包含：經濟部公告之嚴重地層下陷地區內屬農委會公告之不利農業經營農地、經環保署依據土壤及地下水污染整治法公告之污染控制／整治／管制區，以及經濟部訂定陸上盜濫採土石坑洞善後處理計畫列管有案之國有農業用地。其綠能設施總面積，不得超過申請設施所坐落之農業用地土地面積70%。具體區位劃定，則是由地方政府盤點清查，採中央政府公告方式辦理。但此類設置應經直轄市、縣（市）主管機關初審後，送中央主管機關專案審查核准。

同樣地，養殖魚塭水域也屬於廣義農業用地，其設置光電設施之方式亦分為兩類，包括「漁電共生」類型，即在不影響養殖漁業生產情況下的光電設施；以及無從事養殖生產的「埤塘水域光電設施」，但其設置不應妨礙其原有之蓄水、防洪、農田灌溉等目的。

依照行政院於2016年9月核定之經濟部能源局「太陽光電2年推動計畫」，預計在2025年將綠能裝置容量增加至20GW（250億度電）。其中屋頂型3GW、地面型17GW。因此，如果17GW需要來自地面太陽能設施，換算推估10年內需尋找2.55萬公頃地面型之推動土地。為協助經濟部能源局達成政策目標，農委會在2016年推動「農業資源循環暨農能共構之產業創新」計畫，「農業綠能共構共享之技術創新與新產業模式」即為其中三大計畫分項之一，並進一步分為「農牧業綠能」、「漁業綠能」、「離岸風能設施海藻牧場創育」及「農業綠能產業效益分析」等四子項計畫。[6]

農業綠能共構共享之技術，主要係針對設置光電板對農業生產與農地使用之影響進行相關研究。包括光電板的覆蓋排列方式與設置高度，對不同類型農作物或魚塭養殖之影響，以及因應設置綠能設施後的農業生產模式調整策略等。相關研究以農業試驗所為主要單位，研究內容著重在各類型的綠能設施（如屋頂式、露

水試所臺西育成基地提供光電與養殖業者合作，進行漁電養殖試行。
資料來源／豐年社
圖片提供／水產試驗所

天地面型、非營農型地面式等）的排列設置方式，對於農業耕作和周邊環境的影響、受綠能設施影響下的農作物生產模式調整，以及統合農業經營和綠能設施管理的策略。

自 2013 年開始推動政策以來，每年新設的農業綠能設施裝置容量持續增長，累計至 2022 年底，總容量已達 2,690MW。在已設置農業綠能裝置的場域來看，又以養殖畜禽的屋舍屋頂佔比最大，超過一半以上，其次為不利農業經營區（14%）和魚塭型的漁電共生（12%），且多集中在彰化縣、雲林縣、嘉義縣三大農業生產縣。

由於 2025 年太陽光電容量達 20GW 的政策目標，至 2023 年尚約有 2.15 GW 的缺口，因此行政院亦積極強化「農光共存」和「漁電共生」的推行方案，除由經濟部、農委會、內政部共同研議可新釋出作為綠能裝置設置的場址，也邀集光電公、協會召開座談會，討論光電政策調整方向。經研議與討論後，政策調整為以特定遴選制度加速綠能設施置模式，即「在限定區域、限定資格，有條件採取的彈性作法」，包括在光電板覆蓋率、回饋金繳交等條件上進行彈性調整。依照「農光共存」方案，未來經過遴選公告的特定農地區域，諸如不利農業經營區、漁電共生專區，以及低地力農地等，光電板的覆蓋率可從原先規定的 40%，提高到 70%。若經過核可變更農地使用地目，則可提高覆蓋率達 90%。但提高光電覆蓋率之農地，須繳交其光電收益相關的回饋金。[7]

原本為農田的成龍濕地，因地層下陷、颱風海水倒灌，已成為一片沼澤，無法耕作。
圖為法國環境藝術家 Myriam du Manoir 今年的環境藝術創作。
資料來源／豐年社　攝影／林宜潔

### （二）農地綠能的爭議與挑戰

依原先的政策構想，農地設置綠能設施生產再生能源，原是以解決耕作困難之農地的土地利用為主，並在不影響農地耕作的情況下兼具發電功能，希望以此促進邊際農地發展綠能，提高受汙染農地、沿海地層下陷區等耕作困難農地的土地使用價值。[8] 然而，開放農地設置「營農型光電設施」後，卻也引發「農地種電」的投機效果。尤其當再生能源收益高於原本的農地作物產銷收益時，更引發競逐光電躉購費補貼的「租田產電」現象。農地綠能設施同時涉及不同產業活動的環境資源條件和運作邏輯，光電設施和農業耕作共同需求的光能與熱能，如何在設置場址中滿足與兼顧，以及兩者收益與資源使用主導權的落差如何加以權衡，也成為農地使用管理政策的新挑戰。

反映在推動模式上，除了要求相關政策計畫必須考量資源永續發展原則外，主要的推展方式仍是由主辦機關（如林務局、水保局）以結合民間團體建立示範地區的方式進行試辦。但同時期為了兼顧過去因農地污染、地層下陷或其他因素而不易恢復農業之地區的發展需求，也開始構思如何在兼顧回復農耕生產的情況下，增加農地使用的效益，並使結合永續論述的再生能源被納入成為增加農地收益的補償策略。但設置再生能源設施是否真能兼顧農耕活動、其運作是否會對環境生態產生新的干擾，以及再生能源收益是否真能有助於農村經濟收入等問題，都還未有明確的驗證，因而也持續引發新的爭議。總體來說，農地設置綠能設施所產生的爭議與挑戰，主要有三：法規制度不足問題、農業生產利用與農地保護、周遭環境與生態衝擊。

在法規制度層面，農業綠能政策推動之初，尚未能掌握此一政策對於農業生產與農地利用的實質衝擊，因而僅以更動土地利用和容許設

## 農業綠能設施裝置容量變化趨勢

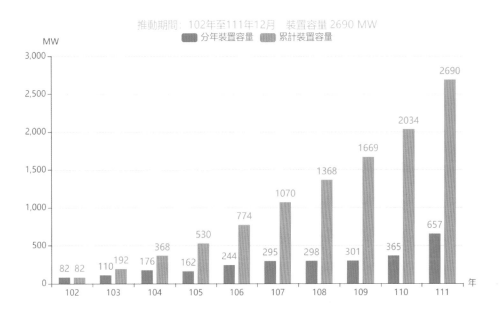

推動期間：102年至111年12月　裝置容量 2690 MW
■ 分年裝置容量　■ 累計裝置容量

資料來源：農業部農業綠能發展資訊網，https://age.triwra.org.tw/Page/GrowthTrend

## 農業綠能設施配置比例

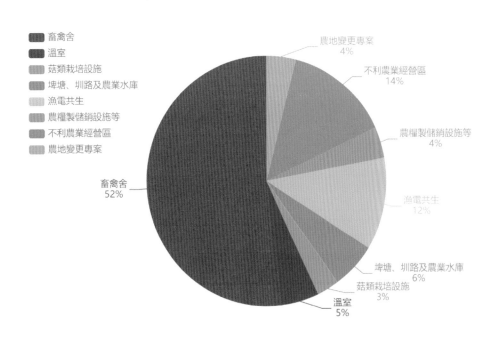

資料來源：農業部農業綠能發展資訊網，https://age.triwra.org.tw/Page/GrowthTrend

七股養殖區不僅只有生產，還包含生態、觀光旅遊，漁民憂心
光電進入當地，除了會影響工作權，也會影響黑面琵鷺生態。

資料來源／豐年社
圖片來源／七股「黑琵食堂」負責人楊惠欽

施等相關法規的方式推動，欠缺審查機制。然而，這種方式也導致許多投機者憑藉農業設施申請屋頂設置綠能設施，卻未能結合真正的農業經營，形成「假種田、真種電」。[9] 此一爭議反映出在法規制度上強化可設置區域、設置方式，和具申請設置資格等條件的重要性。在開放農業用地設置綠能設施後，連帶修改過去規範農地容許使用項目和土地變更使用權限等規定，但因為一開始未明確劃設可設置區域範圍，因而導致零星式的綠能設施在各地蔓延，並因此影響周邊的農地耕作和生態環境問題，監察院亦為此提出糾正案。[10]

因此，農委會在 2020 年 7 月修正《農業主管機關同意農業用地變更使用審查要點》，規定 2 公頃以下小光電的農地變更申請，僅同意「已經被其他用地包圍、夾雜之零星農業用地」，其餘一律不予同意。2 公頃至 30 公頃部分，維持由地方政府審查，但須經農委會同意變更，以此嚴格把關農業綠能設施的設置問題。[11] 但與此同時，以農業用地加速增設光電能源的需求仍在，因而政策上逐漸轉向鼓勵設置「漁電共生」，並由漁業署修正《漁電共生專案計畫審查作業要點》，以此確保在不影響養殖生產的前提下，鼓勵設置光電設施。而在原有的農地綠能設施方面，在環保團體的爭取下，也修正《申請農業用地作農業設施容許使用審查辦法》第 29 條，將環境社會檢核制度納入法規。[12]

衝擊更為深遠的是設置光電設施對於在地農漁業和環境生態的影響。從農地使用效益來看，一般農作的年度收益多低於農業綠能設施的租金收入，加上許多農地經營者都是老年農民，在耕作的辛勞與收益考量下，促使許多農地地主將出租設置農業綠能設施，同時也因此減少返鄉青農的可承租耕地面積。只是，這些零散設置的農地綠能設施，不僅讓農地不易採行機械化耕作、減少農作物可吸收的光照量，其經由光電板蓄積吸收的熱能與反射光，也改變周邊環境的微氣候，影響田間生物的生態環境，也讓周邊既有農地耕作的生產管理更為不易。由於現行制度僅在申請設置時審核，對於設置後是否維持農業營運並沒有明確的強制規範和撤銷設置機制，因此許多農地設置完綠能設施後就採取休耕的方式，甚至讓光電板下較少受到耕作管理的遮蔽處，成為周遭農田害蟲的聚集地，衝擊著農業耕作的自然生態系。[13]

同樣的現象也發生在養殖魚塭與漁電共生的議題上。尤其為了加速再生能源佈建，在新的「農光共存」方案下，經審查在特定區位中獲遴選的光電業者，可透過地目變更或容許方式，在漁塭上設置 70% 至 90% 覆蓋率的光電設施，甚至也無須有養殖事實，因而加速讓土地脫離漁業使用。在新的光電設施開發制度下，魚塭的流失不僅導致地方的產業鏈斷裂，甚至影響漁業產品的供需和國際競爭力，以及漁村的環境生態與氣候。如何平衡綠能開發需求和農漁業的健全發展，顯然已成為農村發展的重大挑戰。[14]

然而，這並非意味著農地魚塭設置綠能是不可行的方向，亦有不少農民或養殖業者努力兼顧設置綠能設施與提高農漁生產品質，並因此獲得更好的雙重收益。這也反映出推展農業用地設置綠能設施必須有更細緻的政策配套措施、監管機制，和農／漁電共生技術協力模式。在配套措施上，需要針對區域性設置綠能設施有更具體的規劃，包括設置區位、饋線安排、設置密度、設置方式，乃至於綠能優先供應在地使用等機制，建立周全的發展方案，避免零散化的農地利用造成農業與環境的衝擊影響。在監管機制上，除了設置前的申請審查外，更重要的是監管設置後的農地利用與維護，以及持續監測綠能設施對於自然環境生態的改變。而在技術層面，除了綠能設施的能源生產最大化外，更重要的是建立以農漁業生產為優先的農地利用模式，以及讓設施對環境生態的衝擊最小化。這些不只涉及綠能設施的排列設置方式，同時還有其設置材料、基樁、灌溉與排水、微氣候影響等各種條件，都有待更細緻的技術研發與應用。

總體來說，邁向綠能轉型已是減緩氣候衝擊、應對永續發展需求的重要策略。如能善加安排與經營，綠能產業可以成為農村發展的重要助力，為農村建構能源自給自足的永續發展條件。然而，若僅著眼於設置綠能的需求，忽略農漁產業的營運條件，以及其對自然生態的衝擊，反而可能損害農漁村的產業文化和生活環境。如何建立更周全的法規制度和營運技術，同樣也是農村發展的挑戰。

# 五、國土規劃下的鄉村整體發展規劃

透過農地規劃，農畜產經營規模擴大，搭配機械化、自動化等科技導入田間管理，降低生產成本或提高生產效率

資料來源／豐年社　攝影／楊為仁

## （一）農地利用、重劃與開發問題

　　農村的土地使用規範，決定其使用方式，更高度影響農村發展的可能性。我國的農地管理，長期是依循《區域計畫法》，以「現況編定」為主，開發變更許可為輔的管理模式。這樣的方式，讓農村土地的利用長期處於被動狀態。一方面，農村土地能透過都市化、工業化，或是違規使用來調整其利用方式，而其目的都不是在回應農村發展本身的需求。另一方面，回應農村變遷的農地利用，缺乏靈活的調整機制，也讓許多具有前瞻性、未來性的農村土地利用需求，難以獲得滿足。甚至在興設再生能源的政策驅動下，更加凸顯農地轉用的敏感性和爭議性問題。如何在「維持農地使用秩序」和「彈性靈活善用農地」之間建立平衡機制，讓農村土地利用可以與時俱進，反映農村發展的需求，正是農村未來必須面對的關鍵課題。

　　過往的農業用地調整，主要是以土地重劃工作為主，包括「農地重劃」和「農村土地重劃」兩大類型。農地重劃的目的在改良農業生產環境、便於引進機械化的規模化生產，因此主要是進行農地形

農委會依照區域的不同條件分為農一、農二、農三、農四，以及農五，取代現行特定農業區、一般農業區的使用分區。

資料來源／豐年社
攝影／俞建邨

狀與產權的重整，增加可提升農耕使用效率的「優良農地」，並編訂為「特定農業區」，賦予較嚴格的轉用規範，不涉及農地使用方式的變更。加入自由貿易體系後，以農地重劃提升農業生產力和經濟收益的效果相對缺乏誘因，農地重劃政策逐漸改成被動以對。2000年之後，農地重劃已成為搭配興修農田水利之技術工程的一環。

相對地，「農村社區土地重劃」，著重以土地重劃方式進行農村社區整體的重新規劃、興修公共設施，以及配合辦理農宅整建輔導和環境綠美化工作等。[15] 2000年制定公布《農村社區土地重劃條例》，規定以非都市土地使用分區之鄉村區、農村聚落和原住民聚落為執行對象，明定推動農村社區土地重劃之目的，在透過整體規劃改善農村社區生活環境、整頓社區基礎設施、提升生活品質。而在執行上，雖然是委託專業規劃單位進行，但因規劃內容為納入較具完整性的公共設施興建，常涉及私有建築拆修整建，因而也容易引發既有所有權人的反對。

除了農地重劃制度外，土地使用管理體系中的工業用地供應機制，亦影響農地的開發與變更轉用。在工業用地的正式供應體系中，1990年施行的《促進產業升級條例》第35條和第53條、[16]《非都市土地使用管制規則》第31-1條，[17]以及2001年通過施行的《工廠管理輔導法》第9條，[18]都賦予製造業工廠得於非都市計畫區之土地申設工廠、變更用地編定之權利。但1995年之後，中央政府僅針對「科學園區」進

在缺乏移進工業區的合適途徑下，有些中小型廠商改採農地違章工廠的形式。

資料來源／豐年社
圖片來源／地球公民基金會

在國土計畫下，農業發展地區就是以農業發展設施為主，不會出現奇怪的工業區、工廠、加油站等與農業無關的建物。

資料來源／豐年社　　攝影／俞建邠

國土功能分區

國土保育地區

海洋資源地區

農業發展地區

城鄉發展地區

圖片來源：內政部（2017）全國國土計畫。

## 表3-3、國土計畫法四大分區類型

| 分區類型 | 分類原則 |
|---|---|
| 國土保育地區 | 依據天然資源、自然生態或景觀、災害及其防治設施分布情形加以劃設，並按環境敏感程度予以分類。 |
| | 第一類－環境高敏感地區以禁止開發為原則 |
| | 第二類－環境低敏感地區允許一定規模以下開發 |
| | 第三類－國家公園 |
| | 第四類－都市土地內因保護保育而限制開發區域 |
| 海洋資源地區 | 依據內水與領海之現況及未來發展需要，就海洋資源保育利用、原住民族傳統使用、特殊用途及其他使用等加以劃設，並按用海需求，予以分類。 |
| | 第一類－使用性質具排他性，禁止或限制其他使用<br>之１－環境敏感以禁止開發為原則<br>之２－擬定防護對策之使用<br>之３－重大建設計畫需求許可使用 |
| | 第二類－可從事與海洋相關之使用 |
| | 第三類－其他尚未規劃或使用之海域 |
| 農業發展地區 | 依據農業生產環境、維持糧食安全功能及曾經投資建設重大農業改良設施之情形加以劃設，並按農地生產資源條件，予以分類。 |
| | 第一類－優良農地須維護耕地及其完整性 |
| | 第二類－可興建農業相關加工研發廠房、運銷設施 |
| | 第三類－坡地農業、林業經濟使用區域 |
| | 第四類－鄉村區、原民聚落 |
| | 第五類－都市計畫內農業區 |
| 城鄉發展地區 | 依據都市化程度及發展需求加以劃設，並按發展程度，予以分類。 |
| | 第一類－都市計畫地區 |
| | 第二類－非都市計畫區之非農業發展地區<br>之１－鄉村區、聚落、工業區、特定專用區<br>之２－核發開發許可地區<br>之３－有相關計畫預計發展為城鄉發展區之地區 |
| | 第三類－原住民土地範圍內非農業發展地區 |

資料來源：本計畫彙整自內政部營建署網站。

行規劃開發，工業區開發工作改由地方政府進行規劃。此外，停發「工業用地證明書」後，需要土地設廠的中小企業亦不易取得合法的工業用地，而高汙染或公害風險高的工業更越難找到合法的落腳處。非明星產業的中小型廠商或高汙染風險工廠，在缺乏移進工業區的合適途徑下，改採非法變更使用的「農地工廠」形式。[19] 正式與非正式化的農地變更使用，既形成工業用地供給的雙元體系，[20] 也使農地和農村發展治理逐漸面對更多元利害關係人的經濟利益之爭。

## （二）新國土計畫體系下的鄉村地區整體規劃

自 1993 年行政院開始研擬《國土計畫法》草案開始，以明確的法治制度和土地使用策略進行全國國土統合規劃，並以此協調經濟發展和環境保育需求，一直是許多公、私部門的盼望。新國土計畫體系的制定與執行，成為農村土地使用因應未來需要進行調整的重要契機。2016 年公布施行的《國土計畫法》，其目的在「確保國土安全、保護自然環境和人文資產，促進資源和產業的合理配置，強化國土整合管理機制，並修復環境敏感和受破壞的國土地區，以實現國家的永續發展目標」。《國土計畫法》通過之後，將全國國土使用分為「國土保育地區」、「海洋資源地區」、「農業發展地區」、「城鄉發展地區」等四大類型（表 3-3），並依全國國土計畫、直轄市與縣市國土計畫、直轄市與縣市國土功能分區的層級位階，進行發展規劃與土地使用管理。

《國土計畫法》施行後，全國國土使用分區將依該法重新編定土地使用分區，並進行分區內土地使用項目管理。根據該法第 15 條第 3 項規定，各直轄市與縣市政府需針對所轄範圍之非都市計畫地區，以「鄉村地區整體規劃」方式研提整合式發展策略規劃，包括空間發展策略和土地利用綱要計畫。但面對過去僅有都市計畫地區施行發展策略規劃，被歸類為屬於非都市土地的「農村／鄉村」，未來將同時涉及國土保育地區、農業發展地區和城鄉發展地區的三大分區類型，該如何對之進行策略規劃，實為各直轄市與縣（市）政府之難題。

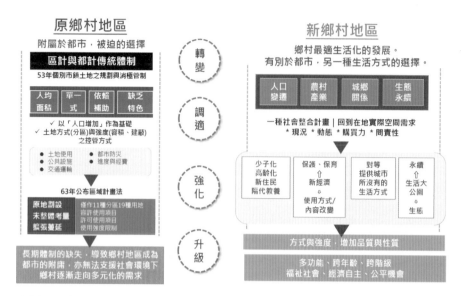

新鄉村概念反映未來鄉村發展的新定位

資料來源：龍邑工程顧問股份有限公司（2019）鄉村地區整體規劃策略及國土分區指導原則。

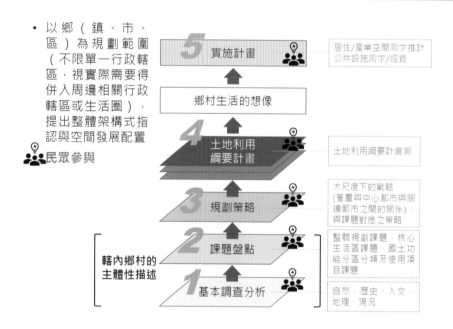

鄉村地區整體規劃課題與作業流程

資料來源：龍邑工程顧問股份有限公司（2019）鄉村地區整體規劃策略及國土分區指導原則。

因此，內政部營建署城鄉發展分署於 2019 年開始推動「直轄市、縣（市）國土計畫之鄉村地區整體規劃示範規劃案」，希望將策略性的空間規劃模式導入鄉村地區。其成果除依地理區位和環境資源條件特性區分為五大類型的鄉村地區（表 3-4），也針對規劃程序提出執行方法，並強調未來鄉村地區整體規劃應著重「公共服務等質」而非「公共設施等量」，並陸續選取臺南市歸仁區、宜蘭縣壯圍鄉、高雄市美濃區等地區進行示範計畫，後續亦已核定補助 27 個鄉鎮市區進行鄉村地區整體規劃工作。

臺南市歸仁區鄉村規劃示範計畫

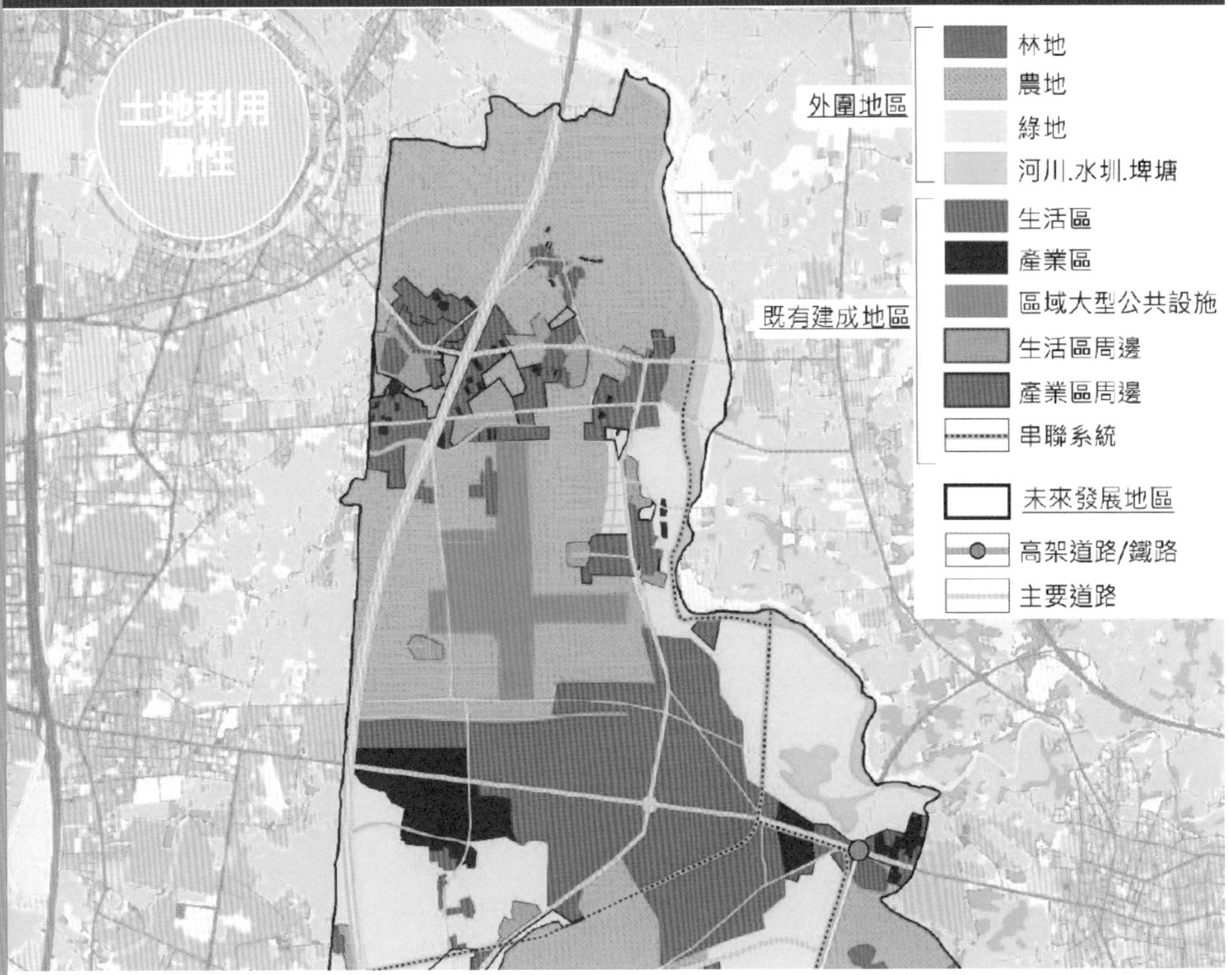

**土地利用屬性**

外圍地區
既有建成地區

林地
農地
綠地
河川.水圳.埤塘
生活區
產業區
區域大型公共設施
生活區周邊
產業區周邊
串聯系統
未來發展地區
高架道路/鐵路
主要道路

資料來源：龍邑工程顧問股份有限公司（2019）鄉村地區整體規劃策略及國土分區指導原則。

### 表 3-4、五大類鄉村地區

| 類型 | 屬性內涵 |
|---|---|
| 位於都會網絡中的鄉村地區 | 位於人口密集的大都會網絡中，在生活需求或生產活動高度依賴鄰近都市提供，但可以彌補都市無法供給的生活空間或機能的鄉村地區。 |
| 鄰近都市的鄉村地區 | 位於都市周邊一定距離內，在生活需求或生產活動依賴鄰近都市提供的鄉村地區。 |
| 一般鄉村地區 | 位於都市周邊一定距離外，成散置型態的發展，在生活需求或生產活動均未依賴鄰近都市，具有自主滿足特性的鄉村地區。 |
| 位於環境敏感的鄉村地區 | 位於生態、資源或災害環境敏感條件範圍的鄉村地區。 |
| 特殊鄉村地區 | 具有特殊性人文、產業或重大建設投入的鄉村地區。 |

資料來源：龍邑工程顧問股份有限公司（2019）
鄉村地區整體規劃策略及國土分區指導原則。

# 宜蘭縣壯圍鄉村規劃示範計畫

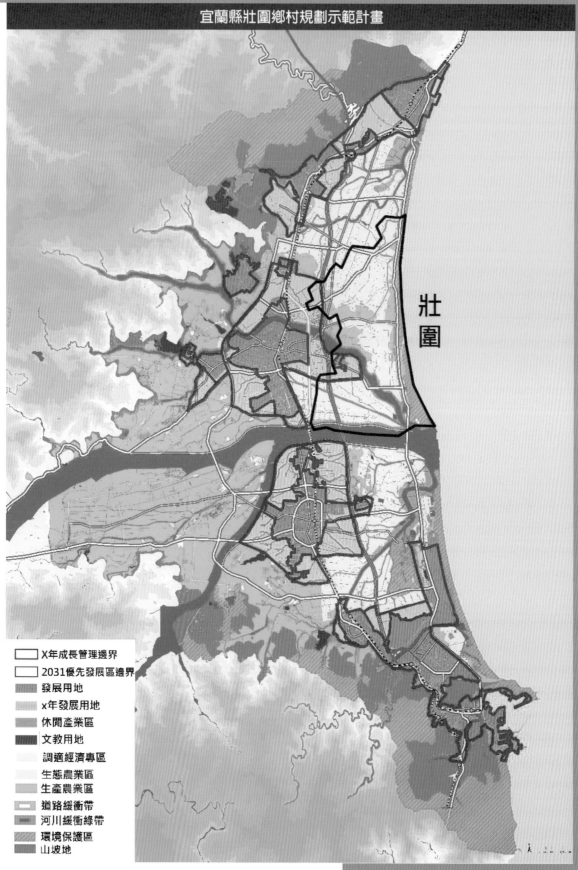

壯圍

X年成長管理邊界
2031優先發展區邊界
發展用地
x年發展用地
休閒產業區
文教用地
調適經濟專區
生態農業區
生產農業區
道路緩衝帶
河川緩衝綠帶
環境保護區
山坡地

資料來源：城鄉潮間帶有限公司（2021）鄉村地區整體規劃示範案
例實作與推動策略委託專業服務案：壯圍鄉示範案例。

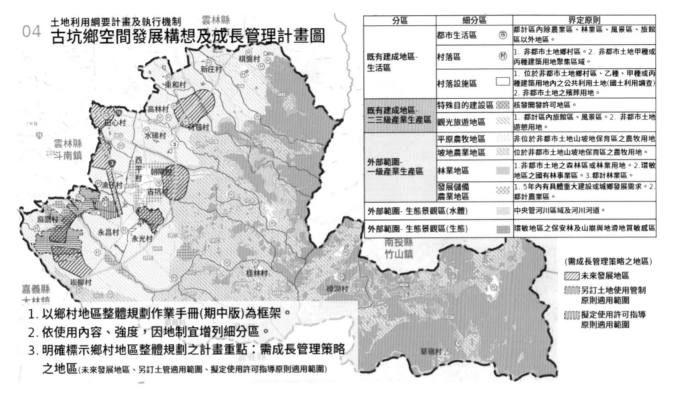

04 土地利用綱要計畫及執行機制　雲林縣
**古坑鄉空間發展構想及成長管理計畫圖**

| 分區 | 細分區 | 界定原則 |
|---|---|---|
| 既有建成地區-生活區 | 都市生活區 (市) | 都計區內除農業區、林業區、風景區、旅館區以外地區。 |
| | 村落區 (村) | 1. 非都市土地鄉村區。2. 非都市土地甲種或丙種建築用地聚集區域。 |
| | 村落設施區 | 1. 位於非都市土地鄉村區、乙種、甲種或丙種建築用地內之公共利用土地(國土利用調查)。2. 非都市土地之殯葬用地。 |
| 既有建成地區-二三級產業生產區 | 特殊目的建設區 | 核發開發許可地區。 |
| | 觀光旅遊地區 | 1. 都計區內旅館區、風景區。2. 非都市土地遊憩用地。 |
| 外部範圍-一級產業生產區 | 平原農牧地區 | 非位於非都市土地山坡地保育區之農牧用地。 |
| | 坡地農業地區 | 位於非都市土地山坡地保育區之農牧用地。 |
| | 林業地區 | 1. 非都市土地之森林區或林業用地。2. 環敏地區之國有林事業區。3. 都計林業區。 |
| | 發展儲備農業地區 | 1. 5年內有具體重大建設或城鄉發展需求。2. 都計農業區。 |
| 外部範圍- 生態景觀區(水體) | | 中央管河川區域及河川河道。 |
| 外部範圍- 生態景觀區(生態) | | 環敏地區之保安林及山崩與地滑地質敏感區 |

(需成長管理策略之地區)
未來發展地區
另訂土地使用管制原則適用範圍
擬定使用許可指導原則適用範圍

1. 以鄉村地區整體規劃作業手冊(期中版)為框架。
2. 依使用內容、強度，因地制宜增列細分區。
3. 明確標示鄉村地區整體規劃之計畫重點：需成長管理策略之地區(未來發展地區、另訂土管適用範圍、擬定使用許可指導原則適用範圍)

資料來源：陳志宏（2021）雲林縣古坑鄉鄉村地區整體規劃示範規劃操作。

## 表 3-5、鄉村地區整體規劃課題與內涵

| 課題 | 內涵 |
|---|---|
| 居住 | 滿足居住需求，維持特色建築風貌。針對因農業經營衍生之居住需求，得於既有農村聚落周邊提供住宅空間，避免個別、零星申請而影響農業生產環境。 |
| 產業 | 配合在地農業，特色產業及商業服務業需求，於不影響鄉村環境品質前提下，於適當地點規劃在地產業發展區位，並訂定彈性土地使用管制規定，以促進鄉村在地產業永續發展。 |
| 運輸 | 以需求反應式公共運輸服務為主，改善接駁轉乘系統及服務品質，提高鄉村可及性，並規劃自行車及電動車輛等綠色運具環境，以民眾基本運輸需求為導向，打造兼具效率及友善運輸環境。 |
| 基本公共設施 | 依據鄉村地區發展趨勢，規劃與設置老人及幼兒照顧服務設施，污水處理、自來水、電力、電信等基本公共設施，並注重環境保護及社區環境改善。 |
| 景觀 | 確保鄉村空間風貌的獨特性，並考量周邊都市天際線，納入景觀控制考量。農地或林地等尚未開闢土地，應避免開發利用，維護當地自然景觀。 |

整體來說，推動「鄉村地區整體規劃」的目的，在協助改善生活環境、協調生產需求、維護生態景觀，進而形塑鄉村地區特色風貌。「鄉村地區整體規劃」的執行方法，著重定義鄉村發展的課題架構，以及執行程序的設計。在課題架構方面，其提出五個主要課題，包括：居住、產業、運輸、基本公共設施、景觀（表3-5），以對應國內鄉村的未來發展需求，並以之研提空間發展構想和土地利用計畫。而在推動程序上，強調從掌握鄉村地區基本條件、辨識課題，到研提空間發展計畫、執行機制等過程。期間除了專業規劃單位的協助外，同樣需要民眾共同參與。特別是藉由訪談、主題討論會、工作坊、公聽會、說明會等不同的形式，在取得地方民眾對於鄉村發展的想法時，也能共同決定未來的發展願景與行動策略，才能使後續的整合規劃產生實際效果。

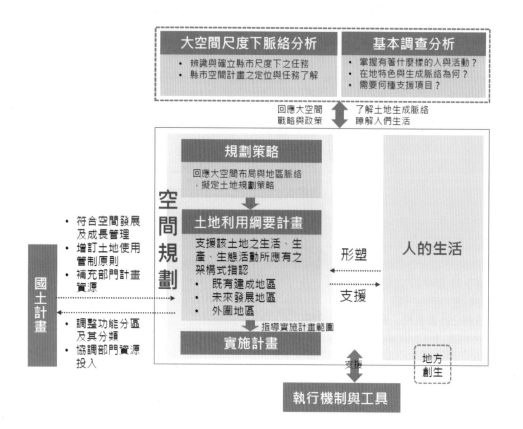

資料來源：內政部營建署（2019）鄉村地區整體規劃策略及國土分區指導原則。

　　「鄉村地區整體規劃」雖非我國第一次嘗試針對農村推動策略規劃，但卻是首次以結合縣市國土計畫而具有法定地位的規劃機制。其主要挑戰在於如何掌握農村發展的資訊細節，以及面對多樣化的農村類型和社會經濟條件，是否真能為農村發展的各個面向提出整合推動的策略。其次，雖然「鄉村地區整體規劃」具有一定的法定地位，但卻不易直接轉換為具體執行內容。面對農村發展的眾多影響因素、土地產權和土地使用規範複雜，以及相關的制度工具尚不完備等情況，目前的「鄉村地區整體規劃」成果僅能先以劃設預定發展區位、所需內容和推動機制，之後再於執行階段結合相關法令和政策資源一一加以落實。更重要的是，「鄉村地區整體規劃」、「農村再生發展計畫」，以及未來的農村發展需求之間，必須建立更緊密的相互協力關係，讓農村的土地利用、產業策略與基礎建設，以及未來的創新行動相輔相成，成為引領農村發展的共同支柱。

緊鄰農田的土地變成工地、蓋起新屋，農地政策及法規的變化，直接改變了農村的生活與景觀。
資料來源／豐年社
攝影／王志元

參考文獻：

1. 章英華（2000）都市化、社區與城鄉關係，頁572。收錄於王振寰、瞿海源（編），社會學與臺灣社會。臺北市：巨流出版社。
2. 楊純明（2009）氣候變遷與糧食生產。作物，環境與生物資訊，第6卷第2期，頁134-140。
3. 資料來源：臺灣生物多樣性資訊機構，https://portal.taibif.tw/article/2068/。
4. 楊弘任（2017）「養水種電」的行動者網絡分析：地方政府、光電廠商與在地農漁民。臺灣人類學刊，第15卷第2期，頁45-96。
5. 鍾麗娜、鄭明安（2015）農地消失ing－從「種厝」到「種電」剖析農地亂象。土地問題研究季刊，第14卷第4期，頁64-67。
6. 楊純明（2017）多贏——農電能共榮發展。農政與農情，第298期。
   https://www.moa.gov.tw/ws.php?id=2506246
7. 林吉洋（2023）「漁電共生」髮夾彎，為補足2025年光電缺口，漁塭可逕直種電不養魚。上下游新聞市集，
   https://www.newsmarket.com.tw/blog/185591/。
8. 行政院新聞（2015）毛揆：推動農業光電專區建設 須以農業發展優先為原則。
   https://www.ey.gov.tw/Page/9277F759E41CCD91/c0d39f82-5305-475a-b6ce-4f6a65a5454a。
9. 汪文豪（2014）變相的綠電 實質的農地掠奪 農地種電肥了誰？上下游新聞市集，https://www.newsmarket.com.tw/blog/60941/。
10. 監察院新聞稿（2017）我國農地種電亂象叢生 監察院糾正行政院農業委員會、經濟部、經濟部能源局。
    https://www.cy.gov.tw/News_Content.aspx?n=124&sms=8912&s=8147
11. 林素惠（2020）農地種電爭議之研析。立法院法制局議題研析。
    https://www.ly.gov.tw/Pages/Detail.aspx?nodeid=6590&pid=200222
12. 林吉洋（2020）農委會緊急修法推漁電刪農電，環社檢核入法，環團：檢核應擴及各種光電開發。上下游新聞市集，
    https://www.newsmarket.com.tw/blog/139940/。
13. 蔡佳珊（2020）光電侵農大調查：直擊上百案場，揭發四大亂象。04神秘660黑數，農地支離破碎。上下游新聞市集，
    https://www.newsmarket.com.tw/solar-invasion/ch04/。
14. 林吉洋（2023）「漁電共生」髮夾彎，為補足2025年光電缺口，漁塭可逕直種電不養魚。上下游新聞市集，
    https://www.newsmarket.com.tw/blog/185591/。
15. 陳炳森、莊翰華、謝琦強（2011）農村社區規劃創新策略研究：以農村社區土地重劃為例。農業推廣文彙，第56期，頁79。
16. 《促進產業升級條例》第35條：「工業主管機關開發工業區時，於勘選一定地區內之土地後，得委託公民營事業辦理申請編定、開發、
    租售及管理等業務。
    前項委託申請編定或開發業務，其資金由政府編列預算支應者，應依政府採購法之規定辦理；其資金由受託之公民營事業籌措者，應
    以公開甄選方式辦理。
    第一項工業區委託申請編定、開發、租售及管理辦法，由經濟部定之。」
    第53條：「興辦工業人因擴展工業或增關必要通路或設置污染防治設備，需使用毗連之非都市土地時，其擴展計畫及用地面積，應經
    工業主管機關核定發給工業用地證明書，以租購土地，依法辦理變更使用及登記。……
    興辦工業人依第一項規定擴展工業，需使用毗連之非都市土地，位於經濟部公告為嚴重地層下陷地區，或中央農業主管機關所定偏遠、
    離島地區者，得免繳回饋金。」
17. 《非都市土地使用管制規則》第31-1條：「位於依工廠管理輔導法第三十三條第三項公告未達五公頃之特定地區內已補辦臨時工廠登
    記之低污染事業興辦產業人，經取得中央工業主管機關核准之整體規劃興辦事業計畫文件者，得於特定農業區以外之土地申請變更編
    定為丁種建築用地及適當使用地。」
18. 《工廠輔導管理法》第9條：「設立工廠所使用之土地，以利用都市計畫工業區、非都市土地編定丁種建築用地、依法編定開發業區
    或其他依法令規定可供設廠之土地為限。」
19. 吳柏澍（2019）「農村長工廠」到「農地種工廠」：臺中都會區的延展都市化。臺灣大學建築與城鄉研究所碩士論文。頁77-78。
20. 林建元（1997）發展亞太製造中心之用地變更問題與解決途徑。經社法制論叢，第19期，頁95-113。

肆

結論：

重建臺灣農業與農村發展的主體性

# 一、農的社會特質與兩難

農作物是人民生活基本必需品，但同時也是農民仰賴的生計來源，該如何在菜價平穩和高收益農產之間維繫平衡，是政策與農民的共同考驗。

圖片提供／黃仁志

不管農業發展策略為何，農民總是辛勤工作。

資料來源／豐年社
圖片提供／臺中區農業改良場

　　農業與農村，是臺灣發展過程中最基礎也最敏感的議題之一。農業發展的角色，從光復後將農耕收獲所得支援各項社會經濟活動，逐漸在國際情勢變動中轉向為交換工業發展機會而承擔更大的市場競爭，卻也因而被迫調整發展的自主權。農業發展究竟該是「為國民提供可負擔的優質糧食」，還是應該成為「賺取高附加價值的產業」，這兩者的差異，不僅牽動著農業政策的規劃，同時也深刻影響農村的產業結構與農家生計。每每遇到天災歉收時，菜價飆升就引發民眾的抱怨與擔憂，引入進口農糧則會讓農民無法反映成本、甚至血本無歸。當菜價、蛋價、肉價上漲時，民眾的基礎民生消費受到顯著衝擊，就會迫使政策介入，採取平價措施。經常是一邊進口國外糧食平抑市場價格，同時辦理農業災害救助，補貼農民的生產成本，卻又因此讓農業被烙上「福利事業」的標記。

　　同樣地，農村發展的目的是「為農村居民打造安身立命的所在」，還是為了都市人提供「休閒去處和資源儲備場所」，也左右著農村發展規劃的內容。前者需要從居民日常生活的角度，

2011 年，全臺各地因各種開發案而面臨土地徵收的農民，聚集
在凱道上抗議開發圈地導致農民失根，要求「土地正義」。
圖片提供 / 黃仁志

農村生活有著濃厚的人情味。

資料來源 / 豐年社
圖片提供 / 顏震宇

2021 年 8 月初盧碧颱風襲臺，帶來豪大雨，
至 8 月 6 日農損即超過 1.5 億元。
資料來源 / 豐年社　圖片提供 / 雲林縣政府

構思各種基礎建設和公共服務的安排，例如文教醫護服務、聯外運輸、網路通訊、社區公共空間等。後者則強調特定資源所能帶來的貢獻，諸如優美的田園風光，或是豐富的生態資源等，並據以規劃旅宿用地、停車場或景觀園區。此外，農業生產與農村生活，更時不時面對各種開發帶來的資源掠奪和影響。諸如將灌溉用水挪用給工業使用，或是在農地上興建農舍與工廠、被徵收開發為科學園區或都市計畫區、成為鄰避設施的選址之處，甚或是搭建綠能設施而造成農地荒耕與生態衝擊等。

除此之外，國際地緣政經關係的變化，也常為臺灣農業與農村發展帶來不易消解的衝擊與影響。農產品的國際進出口，高度影響國內農產品的市場供需關係。進口農產品對於平抑物價和提供替代產品的效益，有助於提升社會大眾的消費福祉，但同時也降低民眾對國內農產品的消費需求和農家收益。而國內農產品出口可以擴展市場範圍、減少生產過剩風險，甚至為國內的優質農產品帶來更高的收益。然而，過度仰賴特定出口市場，也會讓農產品出口機會成為國際談判的政治籌碼，甚至讓國內農民暴露在另一種高風險的狀態下。這些現象反映出，當代農業與農村的處境，是在肩負著社會貢獻與產銷問題時，又必須面對越來越高的不確定性和風險。

儘管這些命題並非「非彼即此」的選擇題，但其中不易斷開的相互牽動關係，以及制定發展策略優先順序的決策依據，經常也是施政規劃的兩難。這也難怪農業與農村發展議題，很容易成為引發社會輿論和政治攻防的主題。包括農糧產銷的穩定供應、農業用水的調度管理、氣候變遷下的農村環境風險和農損對策，乃至於農業勞動缺工、農地工廠與農地種電等，在在凸顯當代農業施政所面對的多重考量與多元挑戰。如何避免施政規劃獨斷於一方，或是讓農業與農村成為國家發展策略下的犧牲品，需要有合適的社會機制來加以平衡。

# 二、農民運動的力量與影響

社會運動是反擊不公體制的力量，農民運動也不例外。1980 年代末期的農民運動，揭露臺灣農業在發展洪流中處於被犧牲的地位，更凸顯農業產銷在國際關係體系中所承受的新風險。聚集各地農民的反抗聲浪，不止迫使公部門必須直視農民的聲音，更用耕耘農地的雙手，拆解那些未能體察民意的政府機關，並對當時的農業施政提出實質建議與要求，成為日後推動農政改革的根基。此外，農民運動對於農產品開放進口的積極抗爭，也讓我國日後在爭取加入世界貿易組織時，能夠有所本地向各國爭取漸進式地降低關稅，以及有條件、有限額地開放部分農產品進口。

1990 年代的農業抵抗運動，與當時層出不窮的環境議題緊密相關，反映自 1970 年代後因為快速推展工業化與產業園區開發，造成農業生產環境持續遭受工業污染和環境破壞問題。諸如 1992 年開始的「美濃反水庫運動」、1993 年「反濱南工業區開發」（七股黑面琵鷺保育）和「反高爾夫球場運動」等多起環境運動，進

而促成 1994 年底開始公布施行《環境影響評估法》。環境保護運動也促成社會大眾和農民更願意接受環境生態保育價值的觀點，進而為後續論述農地多元生態價值奠立基礎。

爾後，隨著加入全球貿易體系越為深入，農民所受到的衝擊也越來越廣泛。雖然是以漸進式降低關稅開放進口農糧食品，但已讓國內的農糧產品難以反映真實的成本與利潤需求。2003 年的「白米炸彈客」事件，訴求的正是「不要進口稻米，政府要照顧人民」，反映當時農民承受的農產銷售不敷成本的壓力。進口農產品增加，也逐漸改變國內的農糧食品消費選擇，而農業政策也因此轉以向維繫糧食安全和農村生活穩定為主，並開始推動休耕與轉作等調適策略。

此外，接軌全球貿易體制也帶來金融改革的要求，同時也接合國內改組地方政治勢力的動力，因而規劃推動「農漁會信用部分級業務管理」，將按照農漁會信用部逾放比率高低，對全國農漁會實施分級管理，並將「經營不善」

2018.05.19「5.20 農民運動」30 周年，不少當年參與運動者集結在臺北回顧歷史，農運參與者並要求平反。　資料來源／豐年社
攝影／郭琇真

農地耕作不只生產糧食，同時也有多元
的環境調節與食農教育等多元價值。
圖片提供／黃仁志

農民在凱道上用菜苗擺設 FARMER 1ST，
要求政府重視農民和糧食自主問題。
圖片提供／黃仁志

的農會信用部，轉由行庫概括承受。[1]對此，全國 304 家農會與 40 家漁會組成的「全國農漁會自救會」，共同發起「1123 與農共生——全國農漁民團結自救大遊行」，並因此促成 2003 年頒布《農業金融法》（2004 年施行）、成立農業金融局（2004 年）和全國農業金庫（2005 年）。

2000 年後的另一個影響農業與農村發展的重要趨勢，是全面接軌國際自由貿易體系後，加速工業發展和設置科學園區的需求，並反映在中央與各縣市政府積極推動的科學園區開發與擴大都市計畫政策上。這些計畫毫無例外地都是以徵收農地進行開發為主，諸如苗栗縣竹南鎮的「擴大新竹科學園區竹南基地周邊特定區計畫」和「崎頂產業園區」、苗栗縣後龍鎮「後龍科學園區」、彰化縣二林鄉的「中部科學工業園區第四期（二林園區）」、新竹縣的「新增竹東鎮（工研院附近地區）都市計畫」、新北市淡水區的「淡海新市鎮後期發展區開發案」等，因而激發各地農民再次集結，形成 2010 至 2013 年間的多次反農地徵收運動與農民夜宿凱道等。這些運動迫使內政部修改《土地徵收條例》和相關辦法，將土地徵收開發的合理性和必要性納入審查評估要件，並以市價為基準作為徵收補償價格的計算基準。

從 1987 年 12.08 農運，到 2010 年的反農地徵收，再到近期因為農地漁塭設置光電問題而引發的諸多爭議與抗議，一方面反映出農民持續面對各種「方興未艾」的衝擊，另一方面也顯現出農民不甘淪為被任意擺佈的對象，並藉由街頭運動積極督促政府進行政策改革調整。農政單位能否承接這些長期累積的「期盼」，與社會共同改革沉痾已久的弊病、協助農民回應接踵而來的挑戰，正是農政組織改革的重要意義。

2010 年，苗栗後龍鎮灣寶社區居民在行政院前抗議後龍科技園區開發的農地徵收問題。 圖片提供 / 黃仁志

# 三、農政組織改革的架構與意義

成立「農業部」是解嚴後農民運動的重要訴求，也是農政體制的重大變革。從 1948 年由中華民國和美國依據《中美經濟合作協定》共同成立的「中國農村復興聯合委員會」，到 1979 年臺美斷交後改組成立的「農業發展委員會」，再到 1984 年合併農業發展委員會與經濟部農業局的「農業委員會」，臺灣的農業決策施政機關編制始終採取委員會制的模式。1980 年代農民運動所提出的訴求之一：「成立農業部」，即是著眼於提升農業施政機關的政府組織位階，讓農業政策資源能夠獲得與其他產業經濟發展對等的地位，進而為農民、農業、農村提供更好的政策規劃與資源分配。

2010 年修正公布的《行政院組織法》，為部會組織整併與改制提供正式的法源根據，並確立行政院將自 2012 年起，由原有的 37 部會分階段整併為 29 個部會。自確立行政院組織再造後，改組為「農業部」一直是歷次組織再造版本的重要一環。而在農業部的組織體系規劃中，為了健全長期農業發展所需，包括農業科技、農業金融、農田水利、農村發展、農民福利、產銷輔導等，都是建構新農業政策架構不可或缺的權責單位。2020 年成立的農田水利署，為改組成農業部邁出實質的第一步。

農田水利是影響農業生產的基本條件。對農民來說，農業灌溉用水的有無與調配，是影響田間耕作能否進行的根基。在 1988 年所召開的第二次全國農業會議中，即針對農田水利會組織運作提出改革建議。此外，隨著工業化與都市化發展，過往以協調區域內農業用水調度

行政院農業發展委員會成立，由行政院長孫運璿主持成立典禮，李崇道擔任農發會的主任委員。
圖片提供／國史館

1984.09.20 為了事權統一化，行政院將農發會與經濟部農業局合併為「行政院農業委員會」。
資料來源／豐年社
攝影／游昇俯

全國農業學術界
支持**農田水利會**改制

農田水利會改制問題爭論不休，2018 年 1 月 16 日立法院將針對「農田水利會組織通則」水利會升格為公務機關進行相關審議。

資料來源 / 豐年社
攝影 / 洪嘉鎂

水利灌溉設施是影響農民耕作的關鍵基礎設施。

圖片提供 / 黃仁志

為主的會務，如今涉及越來越多用水分配標的、水利建設用地產權協調、水源污染，以及水利設施遭受破壞或佔用等亟需公部門介入的工作。2010 年代中期之後，農田水利資產與灌溉用水服務的公共化議題再次引發關注。隨著都會區域的擴展，許多鄰近農業水利設施的農田都有被開發為都市用地的壓力，許多農業工作者面臨越來越嚴峻的用水取得問題，亦有不少新農僅能取得未有完善灌溉用水的偏僻農田。因此，如能使農田水利會也具有一定的公權力身分，將更有助於農田水利事務工作的推展。

為將農田水利組織正式改制為公務機關，農委會陸續提案修正《農田水利會組織通則》，頒布《農田水利法》、《農田水利法施行細則》、《農田水利署暫行組織規程》等，自 2020 年 10 月 1 日起，將農田水利會體系與農委會的農田水利處，整合成立「農田水利署」，並將全國各農田水利會改為隸屬農田水利署的管理處，同屬公務機關身分。改制帶來最大的影響，在於業務執行所需依循的作業流程與規則，以及跨機關之間的協調權責，都因此有所調整。此外，各項

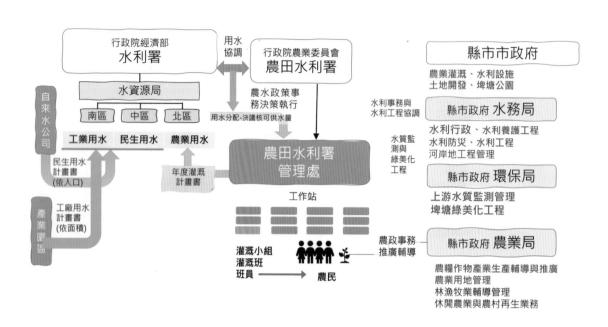

財務支用、業務委託、人事聘用都有明確的法規依循，也能減少不必要的地方勢力干預和人事與經費爭議。除了運作模式的變革外，倡議將農田水利會改制為公務機關的重要驅動力之一，就是將過去因區位地勢、水源距離或土地開發狀況等因素，未能享有農田水利服務的 37 萬公頃農地，納入灌溉服務管理的範疇，積極回應農民的需求。[※2]

完成農田水利署的改革之後，經多次組織調整方案的《農業部組織法》，也終於在 2023 年 5 月 16 日，由立法院三讀通過，正式宣告農委會升格為「農業部」，並在 8 月 1 日正式改組。改制後的農業部，共劃分為本部（設有 8 司、6 處）、7 署 1 中心、7 試驗所、9 區改良場等單位（圖 4-1）。整體來看，農業部有四個重要的組織創新：[※3]

2023.05.16 立法院通過《農業部組織法》，進一步提昇臺灣農政體系的職權與職能。 資料來源／豐年社　圖片提供／農業部

2023.08.01 農業部及轄下機關首長與立法院長游錫堃（前排右5）、前行政院長蘇貞昌（前排左5）、嘉義縣長翁章梁（前排左4）合影。 資料來源／豐年社　攝影／吳尚鴻

圖 4-1、農業部組織架構

資料來源：農業部網站。

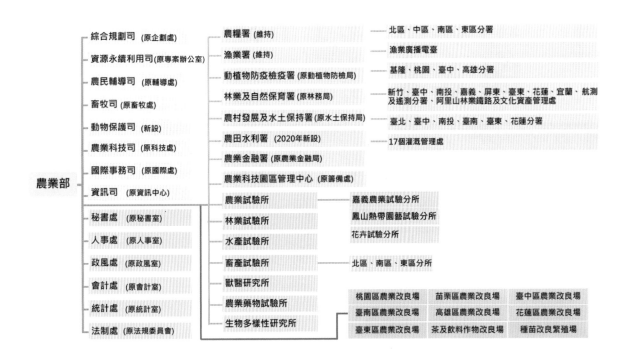

(1) 成立動物保護司：提升我國動物福利、照顧寵物並接軌國際，完善動物保護行政體系，建構友善動物的環境。

(2) 成立資源永續利用司：以 2040 農業淨零為目標，全面啟動氣候變遷調適策略，保護農地及提升利用效率，確保糧食安全的農業永續發展。

(3) 成立林業及自然保育署：強化棲地、物種與生態地景保育，創造更多森林及自然碳匯，確保生物多樣性完整，並分享森林生態系服務價值。

(4) 成立農村發展及水土保持署：透過建構永續發展的農村環境與建設，以促進農村更新與整體規劃，打造韌性永續的農村。

由農委會改制為農業部，更重要的意義在於重整機關權責和行政體系，讓農政單位有更完整的施政規劃和落實機制。相較於農委會時期的業務範疇，農業部的權責業務也順應社會關切和全球趨勢，強化對食農教育、綠色給付、環境保育與動物保護、高齡照顧與青年返鄉、氣候調適變遷與淨零排碳、農村整體規劃等議題的關切。未來如何在提升農業產銷競爭力、完善農民福利照護、推動農村韌性發展，以及氣候調適與淨零永續的政策軸線上，與民間社會共同努力，回應持續而來的挑戰、拓展「農」更多可能性，仍是大眾最殷切的期盼與關切。

# 四、重建「農」的主體性與未來性

農業部成立不是農民運動的終點，而是重建「農」主體性的新起點。 資料來源／豐年社　攝影／吳尚鴻

農業部成立不是農民運動的終點，而是重建「農」主體性的新起點。農民、農業與農村，是支持臺灣社會經濟穩定發展的根基，而農民運動更是監督農業施政的關鍵力量。當代的農業與農村發展，面對的是全球環境、社會、經濟交織的多元議題，同時也讓農地與農村成為承載未來國家穩定發展的關鍵場域。過往在全球化、工業化、都市化的發展歷程中，一直乘載著犧牲奉獻角色的農業與農村，亟需重建自身的主體性，才能夠應對未來的挑戰。

面對 2010 年代的農地徵收開發問題,捍衛農鄉聯盟提出「還我農權」,要求政府必須正視維護農業與農地的重要性。 圖片提供 / 黃仁志

「農」的主體性,不只是對農業工作的尊重與肯定,更是讓農業與農村受到同等的重視,而非工業發展與都市發展的配角。農業與農村的環境資源運用,是調節人類生活與地球永續的關鍵所在。農業,不是製造食物的廠房,而是人與自然相互依存的嘗試與努力;農村也不是都市的儲備用地,而是對不同生活型態的自主選擇。面對全球氣候環境和政治經濟關係的變遷,必須重建農業與農村發展的自主權,才能為人類的永續生存提供更具前瞻和多元可能性的解決方案。

未來的農業施政,如何兼顧穩定國內農產供需平衡、提升農業產銷價值、增加農業家戶收入、解決農業環境風險、創造農村安居生活等效益,不只考驗農業部的施政智慧,同時也是臺灣農民能否持續開創農業與農村價值的挑戰。探索農業與農村的 N 種可能性,需要更多人的共同參與,讓農民運動的歷史參照,成為引領未來農業與農村發展的前瞻力量。

參考文獻:

1. 陳瑞樺（2016）以農之名:臺灣戰後農運的歷史考察。文化研究,第 22 期,頁 85。

2. 黃仁志、林葴均、余佩儒（2022）公務機關化對治理的影響:以桃園農田水利會改制為農田水利署桃園管理處為例。「第七屆地方公共治理與發展學術研討會」2022.04.22。臺中:東海大學。

3. 陳吉仲（2023）部長序。農業部成立紀念專刊,頁 9-10。財團法人豐年社發行。

# 【附錄】臺灣農業發展國內外大事記（1945-2023）

| 國內外政經大事 | 年份 | 農政相關重點內容 |
|---|---|---|
| 二次世界大戰結束，眾多國家加入聯合國。<br>陳儀成立「臺灣接收委員會」，包括臺灣省行政長官公署、臺灣警備總司令。 | 1945 | 將日據時代的農業機構改組 |
| | 1946 | 實施田賦實徵和土地重劃辦法 |
| | 1947 | 《隨賦徵購辦法》田賦加徵公學糧，首次施行「公地放租」政策 |
| 馬歇爾計畫（1948-1952） | 1948 | 成立「中國農村復興聯合委員會」<br>《臺灣省化學肥料配銷辦法》實施肥料換穀 |
| 美國主導「國際小麥協定」（International Wheat Agreement）簽訂。美國政府補貼價差，以鼓勵小麥出口，舒緩糧食過剩問題。 | 1949 | 《臺灣省私有耕地租用辦法》（三七五減租） |
| 韓戰爆發，6 月第七艦隊駐臺。<br>臺灣被納入亞太地區地緣中的一環，美國開始提供大批經濟與軍事援助。 | 1950 | 田賦加徵防衛捐 |
| | 1951 | 開始實施公地放領<br>《臺灣省私有耕地租用辦法》重新擬定為《耕地三七五減租條例》 |
| 臺糖取消斤糖斤米辦法，改為「保證糖價」制度。 | 1952 | 《臺灣省政府放領公有耕地扶植自耕農實施辦法》 |
| 美、英兩國發動聯合國邀請 78 個國家，參與在倫敦召開的國際糖業會議，訂定「國際糖業協定」。 | 1953 | 實施《耕者有其田條例》<br>提出「以農業培植工業，以工業發展農業」的口號，被視為「以農養工」政策 |
| 美國通過《農業貿易發展與援助法案》480 號公法，臺灣藉此大量進口原棉，以解決紡織工業原料不足問題。 | 1954 | 實施《田賦徵稅實物條例》，包括《隨賦徵購稻穀辦法》 |
| | 1955 | 在桃園縣實施「太平村改善計畫」，隔年擴大為「臺灣省實驗農村計畫」 |
| | 1956 | 將農田水利協會與水利委員會改組為「農田水利會」 |
| | 1957 | |
| | 1958 | 試辦農地重劃 |
| 八七水災後，政府開始全面著手農地重建。 | 1959 | |
| 頒布《獎勵投資條例》。 | 1960 | 《臺灣省實施耕者有其田保護自耕農辦法》 |
| | 1961 | 示範農地重劃、開徵田賦徵實額 |
| | 1962 | 推動「十年農地重劃計畫」 |
| 工業產值佔 GDP 比例（28.22%）超越農業產值（24.97%），農業收入佔農家總收入的比例為 65%。 | 1963 | 臺灣省政府農林廳與農復會開始著手推動「綜合性養豬計畫」 |
| 《都市計畫法》第二次修正，開放都市周圍工業區，使工廠迅速向都市區周邊及外圍鄉鎮地區擴散。 | 1964 | |
| 美國投入越戰，美援停止，臺灣對美採購小麥將改採美金交易。 | 1965 | |
| 在高雄成立全球第一個加工出口區，從進口替代轉為出口導向的經濟發展。 | 1966 | 農復會開始推動成立「鄉鎮農業機械化推動中心」 |

| 國內外政經大事 | 年份 | 農政相關重點內容 |
|---|---|---|
| | 1967 | |
| | 1968 | |
| 尼克森上臺，提出尼克森主義，以談判替代對抗的低溫（detente）政策，緩和亞太區域的緊張情勢。 | 1969 | 擬定「農業政策檢討綱要」<br>農業成長率出現 -4.6% 的負成長，農工產出成長率相差達 22%<br>農業出口開始失去日本市場，糧食政策改為自給自足的新目標 |
| 日本正式停止稻米進口，臺灣稻米失去最重要的市場，也降低以稻米出口賺取外匯之重要性。 | 1970 | 擬定「現階段農村經濟建設綱領」，核定「加速推行農業機械化方案」，推行農業機械作業、擴大農場規模 |
| 中華民國退出聯合國（10.25）。<br>日本宣布與臺灣斷絕外交關係。<br>我國對外貿易首度出超，出口結構從依賴農產品轉變為工業產品。 | 1971 | |
| 蔣經國接任行政院長，提出十大建設、實施「小康計畫」、提出彈性外交。<br>稻米生產總值在臺灣農業總產值所佔的比率開始被畜牧業超前。 | 1972 | 頒布「加速農村建設重要措施」，宣布廢除肥料換穀，取消田賦徵實<br>行政院設置 20 億元「農村發展基金」，支持農村建設推展<br>推動「客廳即工廠」、推動設立肉牛專業區 |
| 旱災造成全球缺糧恐慌，美元貶值引發國際物價飛漲。<br>以阿戰爭爆發，導致第一次石油危機。<br>行政院推動十大經濟建設計畫，工業總就業人口超過農業總就業人口。 | 1973 | 頒定《農業發展條例》，取消「田賦徵收教育捐」 |
| | 1974 | 設立「糧食平準基金」、頒定《農業發展條例施行細則》<br>實施「稻穀保價收購」政策<br>牛肉開放進口，肉牛產業大受打擊 |
| 修正《獎勵投資條例》、《平均地權條例》、《土地稅法》，為因應設廠和經建計畫所需用地，加速農地重劃以擴增工業用地。 | 1975 | 推動「農村綜合發展示範村計畫」（1975-1979），相關建設工作包括「現代農村發展計畫」、「基層建設」、「農宅改善計畫」，以及當時正在擬議中的「改善農業結構，加速農業升級」方案 |
| 第一期六年經建計畫：為吸引勞動力回流至工業，施行新米價政策，將無限制收購改為鼓勵餘糧收購，降低稻米生產利潤，以擠壓先前回流農村的工人回返都市。<br>公布《非都市土地使用管制規則》、《非都市土地使用管制條例》，建構農地轉用為都市土地的使用秩序。 | 1976 | 臺灣稻米年產量 271 萬噸糙米，創史上最高紀錄，進入稻米生產過剩時期，造成米價偏低 |
| | 1977 | |
| 第二次石油危機。<br>於中美斷交前，簽訂〈中美雙邊貿易協定〉，貿易自由化的壓力正式檯面化。<br>行政院推動十二項建設。 | 1978 | 設置「加速農村建設貸款基金」<br>研擬「提高農民所得加強農村建設方案」（1978-1982）<br>推動機械化農業，擴大耕地面積、提高農業生產力<br>實施稻田轉作計畫，避免產量過剩 |
| 兩伊戰爭。<br>美國與中共建交，承認中共的亞洲地位，臺灣與美國斷交。 | 1979 | **農復會改組為行政院的農業發展委員會**<br>推動「現代化農村發展計畫」（1979-1985），推動「提高農民所得加強農村建設」方案 |
| 配合經濟建設十年計畫提出第三階段土地改革。 | 1980 | 修正公布《農業發展條例》<br>為解決農村勞動力不足的問題，臺糖開始推行家庭農場共同委託經營 |
| 頒布「除配合國家及地方重大建設外，原則上暫緩擴大及新定都市計畫」。 | 1981 | 「第二期提高農民所得、加強農村建設方案綱要」<br>省主席李登輝提出「八萬農業大軍計畫」 |

| 國內外政經大事 | 年份 | 農政相關重點內容 |
|---|---|---|
| 桃園縣觀音鄉大潭村鎘米事件。<br>三晃農藥廠公害事件。 | 1982 | 提出「加強基層建設、提高農民所得方案」<br>「農村住宅改善五年計畫方案」（1982-1985）<br>「第二階段農地改革方案」（1982-1986），採機械化農業，擴大耕地面積、提高農業生產力 |
| | 1983 | 廢除肥料換穀<br>「八萬農業建設大軍培育輔導計畫」<br>設置「神農獎」，選拔十大傑出專業農民 |
| 美國通過《貿易與關稅法案》，並要求臺灣開放投資市場與臺幣升值。<br>俞國華就任行政院長，提出「十四項重點建設計畫」。 | 1984 | **為統一農政事權，將「農發會」與「經濟部農業局」合併改組為「行政院農業委員會」**<br>省政府提出精緻農業，並通過「加速基層建設，增進農民福利方案」，以農民福利取代農業所得<br>「稻米生產及稻田轉作六年計畫」（1984-1990）<br>「農產運銷改進方案」（1984-1993） |
| | 1985 | 行政院提出「改善農業結構，提高農民所得方案」<br>「臺灣省加速農業升級重要措施」（1985-1987）<br>「農村住宅及農村社區環境改善計畫」（1985-1991）<br>試辦農民健康保險，以基層農會為投保單位 |
| 9月於烏拉圭舉辦 GATT 第 8 回合多邊貿易談判，首次納入農產品自由化議題。 | 1986 | 與美國簽訂〈中美菸酒協定〉，推行「優良肉品標誌制度」 |
| 7.15 宣布解嚴。 | 1987 | 創辦「坡地農村綜合發展規劃暨建設」<br>**12.08 事件，抗議進口水果造成國產水果價格慘跌** |
| 蔣經國過世，李登輝繼任國民黨黨主席與總統。 | 1988 | 擴大開放大宗穀物、水果、火雞肉進口<br>提出「現階段加強農村建設政策綱要」<br>**5.20 農民運動** |
| 中國六四天安門事件。<br>國內無殼蝸牛運動。 | 1989 | 頒布實施《農民健康保險條例》<br>現代化農村發展計畫（1989-1991） |
| 臺灣以「臺澎金馬關稅領域」名稱向關貿總協（GATT）提出入會申請案。 | 1990 | 「農業綜合調整方案」（新階段農業政策）<br>實施稻田轉作後續計劃（1990-1995）<br>「六年農業發展計畫」，因應加入 WTO，農委會開始辦理轉業訓練 |
| 波灣戰爭結束、蘇聯解體。<br>國內結束動員戡亂體制。<br>臺灣加入 APEC。<br>國家建設六年計畫（1991-1993），提出「農業零成長」。 | 1991 | 改善農漁村社區環境實施計畫<br>農業綜合調整方案（1991-1996）<br>推動農業自動化發展政策，促進農業升級 |
| | 1992 | 「全面動員降低農業產銷成本六年計畫」（1992-1997） |
| GATT 完成烏拉圭回合談判，達成農業協議。 | 1993 | 農田水利會由農委會正式接管<br>省政府住都局推動「農漁村社區整體規劃暨建設計畫」 |
| | 1994 | 農委會公布「農業政策白皮書」（1994-1997），將臺灣「糧食自給自足」的政策改為「糧食供需平衡」 |
| 成立世貿組織（WTO），取代關貿總協。<br>開辦「全民健康保險」，將農保的醫療給付項目移撥到全民健保。 | 1995 | 公布實施《老年農民福利津貼暫行條例》<br>行政院核定農委會擬定的「農地釋出方案」<br>修正公告《農產品受進口損害救助辦法》，設置「農產品受進口損害救助基金」 |
| 推動「戒急用忍」政策。 | 1996 | |
| 聯合國 COP 第三次會議時研提「京都議定書」（Kyoto Protocol）。<br>豬隻口蹄疫，導致輸日豬肉立即中斷，豬價崩盤。 | 1997 | 水旱田利用調整計畫（1997-2010） |

| 國內外政經大事 | 年份 | 農政相關重點內容 |
|---|---|---|
| 瑞伯颱風造成臺灣農損近 19 億臺幣。 | 1998 | 「農村綜合發展規劃及建設計畫」,提出「建設富麗的農漁村實施方案」<br>「跨世紀農業建設方案」(1998-2001)<br>「農產品受進口損害救助基金」擴大適用範圍 |
| | 1999 | 農地政策由「農地農有、農地農用」調整為「放寬農地農有、落實農地農用」<br>「農業生物技術國家型科技計畫」(1999-2008) |
| 總統大選,首次政黨輪替。 | 2000 | 修訂《農業發展條例》,擴編農業發展基金至 1500 億元,並設置「農業天然災害救助基金」,亦賦予「農產品受進口損害救助基金」法源<br>農村新風貌計畫(2000-2004)<br>「因應加入 WTO 先期產業結構調整計畫」 |
| 9 月 11 日美國發生九一一恐怖攻擊事件,引發後來全球的反恐戰爭。<br>臺灣獲准於 2002 年加入世界貿易組織。 | 2001 | 「稻田多元化利用計畫」,加強推動規劃性休耕<br>修訂《農會法》<br>一鄉一休閒農漁園區計畫<br>因應加入 WTO,廢止糧食平準基金 |
| 臺灣以「臺澎金馬獨立關稅領域」名稱正式加入世界貿易組織(WTO)。 | 2002 | 1123 與農共生大遊行<br>訂定《農村酒莊輔導作業要點》 |
| 以攻滅海珊為主的伊拉克戰爭。<br>白米炸彈事件。 | 2003 | 邁向二十一世紀農業新方案<br>修訂《老農津貼申領及核發辦法》及《老年農民福利津貼暫行條例》 |
| WTO 於 7 月底通過「七月套案」(July Package),就農業談判架構達成共識。 | 2004 | 成立「農田水利處」<br>施行《農業金融法》,成立「農業金融局」 |
| 中國通過《反分裂國家法》,國內舉辦三二六護臺灣大遊行。<br>香港主辦 WTO 第六次部長級會議,以韓國農民為主的反全球化運動者,在會場外騷亂。 | 2005 | 修正《老年農民福利津貼暫行條例》<br>推動「鄉村新風貌計畫」(2005-2008) |
| | 2006 | 農委會推出「建立農業中衛體系」計畫<br>「新農業運動－臺灣農業亮起來」 |
| 美國華爾街開始浮現因次級房貸引發的金融危機,延續成為 2008 年的環球金融危機。 | 2007 | 建置「臺灣農產品安全追溯資訊網」及「產銷履歷認證平臺」 |
| 國內總統大選,政黨再次輪替。 | 2008 | 提擬《農村再生條例》草案<br>辦理「2025 臺灣農業科技前瞻」 |
| 歐巴馬就任美國總統。<br>國內因莫拉克颱風發生八八風災,多處山崩土石流,並造成小林部落滅村。 | 2009 | 推動「小地主、大佃農」、「精緻農業健康卓越方案」 |
| 突尼西亞茉莉花革命,後續引發「阿拉伯之春」(Arab Spring)浪潮。 | 2010 | 《農村再生條例》公布施行 |
| 日本發生大地震導致福島核災。 | 2011 | 提高各項公糧收購價格<br>召開全國農業與農地研討會、全國糧食安全會議 |
| | 2012 | 核定「調整耕作制度活化農地中程計畫」(2013 年實施)<br>農村再生第一期實施計畫(101-104 年度) |
| 美國提出「亞太再平衡」戰略。<br>兩岸經濟合作架構協議(ECFA)608 項早收清單,全部實施零關稅。 | 2013 | 「調整耕作制度活化農地計畫(102-105 年)」 |
| 國內爆發太陽花學運。<br>偵破強冠公司黑心油品事件,引發食品安全危機。 | 2014 | 成立「財團法人農業科技研究院」<br>老農津貼之農保年資提高為 15 年 |

| 國內外政經大事 | 年份 | 農政相關重點內容 |
|---|---|---|
| 中國推動「一帶一路」。<br>在巴黎舉辦的第 21 次締約國會議，通過「巴黎協定」。<br>兩岸領導人在新加坡進行馬習會。 | 2015 | 建立「臺灣農產品生產追溯」制度<br>修正《農藥管理法》、《農業用地興建農舍辦法》、《農業天然災害救助辦法》<br>推動「農業生產力 4.0 策略方案」<br>提出「新世代農業工作者培育計畫」 |
| 總統大選，政黨再次輪替。<br>2016 年 6 月，英國通過脫歐公投。 | 2016 | 將「保價收購」與「休耕補貼」整合調整為對地綠色給付<br>「大糧倉計畫」、「改善農業季節性缺工 2.0 試辦方案」<br>農村再生第二期實施計畫（105-108 年度） |
| 川普就任美國總統。 | 2017 | 「新農業創新推動方案」<br>完成並公開全國農業及農地盤查作業成果<br>發展進擊型農業，推動「新南向農業」 |
| 美國川普政府與中國政府啟動貿易戰。<br>中國爆發非洲豬瘟疫情。 | 2018 | 推動農民職災保險、實耕者加入農保、擴大推動農業保險<br>舉辦第六次全國農業會議 |
| 「區域全面經濟夥伴協定」（RCEP）15 個締約方正式簽署協定。 | 2019 | 推動校園午餐採用國產在地食材<br>加強因應氣候變遷調適能力<br>推動地方創生政策 |
| 全球爆發新冠疫情（COVID-19）。<br>喬·拜登當選美國總統。 | 2020 | 成立「農田水利署」<br>農村再生第三期實施計畫（109-112 年度） |
| 英國正式脫離歐盟。 | 2021 | 「新農業創新推動方案 2.0」<br>開始推動「農民退休儲金」 |
| 俄羅斯入侵烏克蘭，爆發烏俄戰爭。 | 2022 | 推動「農業省工機械化及設備現代化」 |
| | 2023 | **8 月 1 日，農委會正式改組為「農業部」** |

國家圖書館出版品預行編目 (CIP) 資料

農的 N 次方‧第二冊：農村再生發展的挑戰／黃仁志作 .
-- 臺中市：財團法人稻草人基金會，民 112.12
　　面；　公分
ISBN 978-626-98146-1-9（平裝）

1.CST：農村　2.CST：再生

545.5933　　　　　　　　　　　　　　112021705

# 農的N次方【第二冊】
# 農村再生發展的挑戰

作　　者｜黃仁志

發 行 人｜林豐喜
主　　編｜周俊男
編輯策劃｜曾文邦
美術設計｜為你設想概念有限公司、阿努米
顧　　問｜邱萬興
執行編輯｜莊詠淳
印　　刷｜映鈞彩色印刷有限公司

指導單位｜農業部 客家委員會
發行單位｜財團法人稻草人基金會
地　　址｜臺中市豐原區東陽路豪傑二巷 38 號 1 樓
電　　話｜04-25252059


ISBN：978-626-98146-1-9
出版年月：112 年 12 月 8 日
定　　價：新臺幣 450 元